HÉROES CRISTIANOS DE AYER Y DE HOY

HUELLAS DE AMOR EN EL HIMALAYA

La vida de Sundar Singh

Héroes cristianos de ayer y de hoy

Huellas de amor en el Himalaya

La vida de Sundar Singh

P.O. BOX 1138 TYLER, TX 75710-1138

Editorial JUCUM forma parte de Juventud Con Una Misión, una organización de carácter internacional.

Si desea un catálogo gratuito de nuestros libros y otros productos, solicítelos por escrito o por teléfono a:

Editorial JUCUM
P.O. Box 1138, Tyler, TX 75710-1138 U.S.A.
Correo electrónico: info@editorialjucum.com
Teléfono: (903) 882-4725
www.editorialjucum.com

Huellas de amor en el Himalaya: La vida de Sundar Singh

Versión española: Alisson Arredondo
Edición: Diego Herrera

Publicado originalmente en inglés con el título de: *Sundar Singh: Footprints Over the Mountains*

Publicado por Emerald Books
PO Box 55787, Seattle, WA 98155

ISBN 978-1-64836-003-9

Impreso en los Estados Unidos

HÉROES CRISTIANOS DE AYER Y DE HOY

Biografías

Aventura fantástica
La vida de Gladys Aylward

Persecución en Holanda
La vida de Corrie ten Boom

Un aventurero ilustrado
La vida de William Carey

La intrépida rescatadora
La vida de Amy Carmichael

Odisea en Birmania
La vida de Adoniram Judson

Alma de Campeón
La vida de Eric Liddell

Padre de huérfanos
La vida de George Müller

Peligro en la selva
La vida de Nate Saint

Peripecia en China
La vida de Hudson Taylor

La audaz aventura
La vida de Mary Slessor

Portador de esperanza
La vida de Cameron Townsend

La tenacidad de una mujer
La vida de Ida Scudder

Emboscada en Ecuador
La vida de Jim Elliot

Desafío para valientes
La vida de Loren Cunningham

C.S. Lewis
Un genio de la narración

Valentía en el Nilo
La vida de Lillian Thrasher

Corazón Pionero
La vida de David Livingstone

La heroína voladora
La vida de Betty Greene

Victoria sobre la venganza
La vida de Jacob DeShazer

Dietrich Bonhoeffer
En medio de la maldad

Agente secreto de Dios,
La vida del hermano Andrés

Esperanza en los Andes
La vida de Klaus-Dieter John

Hazañas en el hielo
La vida de Wilfred Grenfel

Lottie Moon
Perseverancia y sacrificio

Defensora de los desamparados
La vida de Elizabeth Fry

John Wesley
El mundo era su parroquia

Somos una familia
La vida de Charles Mulli

Precursor incansable
La vida de Conde Zinzendorf

Jamás derrotado
La vida de William Booth

El amor que vence
La vida de Richard Wurmbrand

Una estrella en la jungla
La vida de Rachel Saint

Pasión por un pueblo abandonado
La vida de Samuel Zwemer

Huellas de amor en el Himalaya
La vida de Sundar Singh

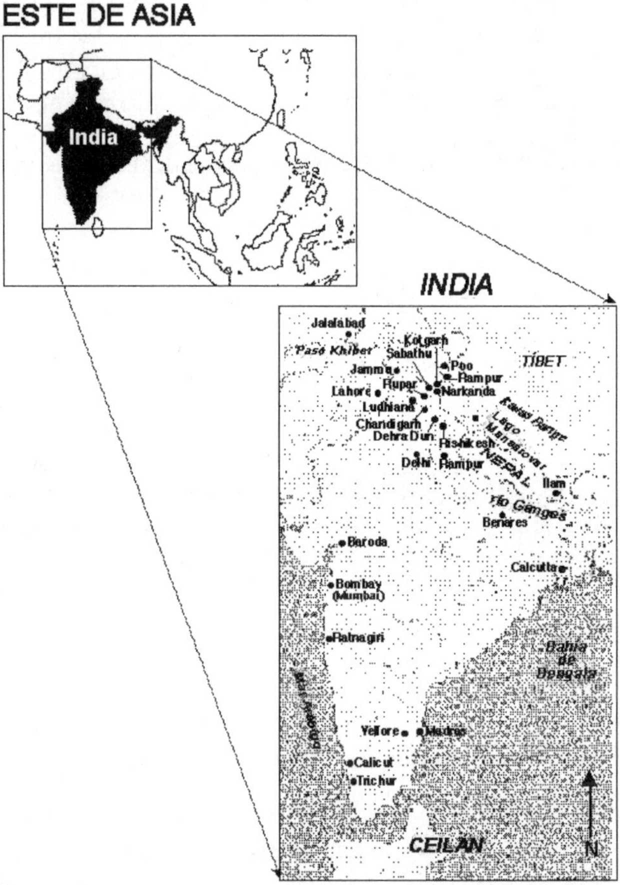

ESTE DE ASIA

India

INDIA

Jalalabad
Paso Khiber
Kotgarh
Sabathu
Poo
Rampur
Jammu
Rupar
Lahore
Narkanda
TÍBET
Ludhiana
Chandigarh
Dehra Dun
Rishikesh
Lago Manasarovar
Delhi
Rampur
NEPAL
Ilam
Río Ganges
Benares
Baroda
Calcutta
Bombay (Mumbai)
Ratnagiri
Bahía de Bengala
Vellore
Madras
Calicut
Trichur
CEILÁN
N

Índice

Capítulo 1

Logró salvar su propia vida

Sundar jadeó con fatiga mientras inhalaba una fina bocanada de aire helado. Acababa de ascender a más de cinco mil metros de altura (sobre el nivel del mar), y sentía que la cabeza le daba vueltas, los pulmones le palpitaban aceleradamente, y sus pies, que horas antes habían comenzado a adormecérseles, se le entumían por completo. Entretanto, el viajero tibetano que se le había unido en la escalada el día anterior, a duras penas podía seguirle el paso, cosa por la que él se sentía más que agradecido.

Luego de unos minutos de descanso, los dos hombres comenzaron el tedioso descenso de las elevadísimas montañas Himalayas[1], confiados de poder llegar a uno de los precarios poblados asentados o en los múltiples precipicios a orillas del camino, antes de que se les hiciera de noche.

1 Himalaya: Es la montaña más alta del mundo, está situada en el continente asiático y se extiende por varios países: Bután, Nepal, China, India y Pakistán.

Iban a mitad de camino cuando el viento arreció y el aire se tornó extremadamente frío. En ese instante, Sundar comenzó a temer no poder llegar al poblado que todavía quedaba a unos cuantos kilómetros de distancia, no solo porque el camino era cada vez más angosto y resbaladizo, sino principalmente por la lentitud con la que debían caminar. Como en anteriores ascensos a la montaña, se había encontrado con cuerpos de hombres que habían muerto congelados a causa del repentino cambio del clima. Al recordar tales circunstancias, rogó al cielo no toparse con esa misma suerte.

Sundar trataba de no mirar hacia abajo mientras se abría camino por entre el estrecho y rocoso sendero y se fijaba cuidadosamente dónde debía poner el pie para no resbalar. De pronto, al atisbar[2] hacia el frente, un extraño objeto color marrón que yacía derribado sobre la blanquecina nieve, llamó su atención. Al acercarse un poco para ver mejor, descubrió que se trataba del cuerpo de un hombre. Un instante después, vio con sorpresa cómo uno de sus brazos se movía levemente. ¡Al parecer estaba vivo!

Sundar tiró de la chaqueta de cuero de su compañero para llamar su atención:

—¡Mira hacia allá abajo! —le gritó contra el aullante viento—. Al parecer un hombre se ha caído y debemos tratar de rescatarlo.

Su compañero de expedición se giró enérgicamente.

—Pero si tratamos de rescatarlo no lograremos llegar al pueblo —le respondió—. Vamos a terminar congelados si no nos apresuramos. Además,

2 Atisbar: Mirar, observar con cuidado, recatadamente.

ese hombre ya está más muerto que vivo. Lo mejor es que lo dejemos a su suerte.

—No podemos hacer eso —replicó Sundar—. Mejor ayúdame a bajar a socorrerlo. No puedo hacerlo solo.

Su acompañante movió la cabeza en señal de desaprobación.

—Si en algo valoras tu vida, será mejor que vengas conmigo —dijo el hombre dando media vuelta y prosiguiendo su camino por entre la riscosa[3] montaña.

Sundar miró ansiosamente a su alrededor procurando hallar la mejor manera de llegar hasta el hombre. Cuando creyó haber encontrado la mejor forma de lograrlo, se apresuró a descolgarse por la cornisa de la montaña sosteniéndose únicamente con sus manos, al tiempo que intentaba asir los dedos de los pies a las ásperas grietas de la montaña. A pesar de saber que se trataba de un camino peligrosamente traicionero, luego de varios minutos de mucho esfuerzo y concentración, finalmente pudo llegar hasta el fondo del barranco donde había caído el infortunado viajero.

Sin perder un segundo, Sundar se arrodilló a un costado del hombre y lo escrutó[4] con detenimiento. Notó que, aunque su barba y cabello estaban congelados y que ya casi no respiraba, ninguno de sus huesos parecía roto.

—Prepárate que voy a sacarte de aquí —dijo Sundar echándose al hombre sobre sus espaldas.

3 Riscosa: Que tiene muchos riscos. Risco: Peñasco alto y escarpado, difícil y peligroso para andar por él.

4 Escrutar: Del verbo escrutar. Indagar, examinar cuidadosamente, explorar.

Posteriormente tomó su manta, la entrecruzó alrededor de ambos cuerpos y la apretó con un nudo delantero, formando así una especie de cuna para el desconocido. Luego, lenta y minuciosamente, Sundar se dispuso a trepar por un costado del empinado barranco. Pronto el peso del hombre que llevaba acunado a su espalda hizo que sus adormecidos pies comenzaran a sangrar, a medida que estos tropezaban con las irregulares y puntillosas rocas. Después de unos instantes profundamente tensos, el valiente rescatista pudo finalmente franquear la cornisa del barranco y proseguir su camino con el pesado hombre a cuestas.

Pronto Sundar comenzó a dejar enormes manchas de sangre en cada pisada que daba. Y aunque el camino era en extremo peligroso, se las arregló para mantener la lentitud de la marcha lo más segura posible. No se atrevía a detenerse un instante, ni siquiera cuando la nevada arremetía con fuerza bloqueando la visibilidad y haciendo que el camino se tornara más resbaloso. Sabía que detenerse, podría eventualmente causarles la muerte a ambos.

A medida que la luz del sol desaparecía, Sundar se preguntaba si acaso alcanzaría a llegar al poblado antes de que anocheciera, ya que en tales circunstancias le sería imposible vislumbrar el camino en la oscuridad. Para su fortuna la nevada empezó a ceder de un momento a otro y con la repentina claridad pudo distinguir un par de casas de piedra a unos cuantos metros de distancia.

Respiró aliviado. Sin embargo, el alivio le duró hasta que dio unos pasos más y divisó a un costado del camino el cuerpo congelado de su compañero de travesía. Con horror vio que los ojos del tibetano estaban completamente abiertos y que sus manos yertas[5] permanecían adheridas a su rostro.

A pesar de la horrorosa situación, Sundar sabía que ya nada podía hacer por él y continuó la marcha. Rato después el hombre cargado sobre su espalda empezó a reaccionar, tanto él como el hombre rescatado, se encontraron a salvo sentados frente a una fogata de estiércol de yak,[6] al interior de una pequeña cabaña circular.

Mientras Sundar disfrutaba de una humeante taza de té, fue consciente de que él también hubiera podido morir congelado. Comprendió que lo que lo salvó de tal desenlace fue haber cargado aquel hombre durante el complicado trayecto. Milagrosamente el contacto corporal de ambos había producido calor suficiente para combatir el feroz frío y mantenerlos mediamente abrigados. Al arriesgarse a salvar la vida de aquel hombre que había caído al fondo del barranco, Sundar, inconscientemente, también logró salvar su propia vida.

Mientras se quedaba dormido frente a la fogata, Sundar comenzó a pensar en las muchas pruebas que le aguardaban en el Tíbet. Por un

5 Yerto, ta adj. Dicho de un ser vivo o de alguna parte de él: Tieso o rígido, especialmente a causa del frío o de la muerte.
6 Yak: Mamífero bóvido de tamaño mediano y pelaje lanoso, nativo de las montañas de Asia Central y el Himalaya, vive en las altiplanicies esteparias y fríos desiertos del Nepal, Tíbet, Pamir y Karakórum.

instante, lo sobrecogió la certeza de que la prueba vivida ese día no sería la última situación potencialmente mortal que tendría que afrontar durante su viaje misionero. Aun así, estaba seguro de otra cosa igualmente: desde que era un niño en la aldea de Sikh de Rampur en la llanura de Punjab, al norte de la India, su tierra natal, la mano de Dios siempre había estado sobre él.

Capítulo 2

El camino que te guiará hacia Dios

Sundar Singh entrecerró los ojos para poder mirar mejor a contra luz del resplandeciente sol mientras seguía a su madre a través de la extensa llanura[1] de Punjab. Pero a pesar de la arena en sus ojos y el sofocante sol que golpeaba su cabeza envuelta en un colorido turbante, Sundar sentía rebosante júbilo, pues ese 3 de septiembre de 1896, era su séptimo cumpleaños. Y lo mejor de eso, era el día en que su madre por fin lo declaraba completamente apto para recitar el Bhagavad Gita[2] ante el hombre santo, a quien solían visitar desde que él era muy pequeño.

1 Llanura: Gran extensión de tierra plana o con ligeras ondulaciones. Las llanuras se pueden encontrar en tierras bajas, generalmente por debajo de los 200 metros o menos sobre el nivel del mar o en el fondo de valles.
2 Bhagavad Gita: Significa «Canto del Señor». Es el Libro Sagrado del hinduismo.

Mientras caminaba, Sundar no dejaba de pensar en las burlas de sus hermanos hacia él y su madre por dejar su casa en Rampur para visitar al hombre santo.

—¡Ja!, tanta religión hará que se te explote esa pequeña cabeza! —le había dicho uno de sus hermanos con sorna[3] cuando se proponían emprender la sofocante travesía—. ¿Cómo es que aprender de memoria todo ese palabrerío te ayudará a convertirte en un abogado o un funcionario bancario?

Su madre, con un contundente gesto de mano, los hizo callar en el acto.

—¡Basta ya! —les ordenó—. Cada uno de ustedes tiene su propio camino que seguir, así como Sundar también tiene el suyo. Solo Dios sabe lo que tiene deparado para él.

Mientras Sundar pensaba en las palabras de su madre y en cómo lo había defendido, sintió mucho más amor por ella del que ya le tenía. No en vano ella era conocida como una de las mujeres más santas de la región, tanto, que algunos incluso la llamaban *bhakta*, o la santa. En cuanto a su padre, Sher Singh, si bien no demostraba mucho interés por los asuntos religiosos, Sundar sabía igualmente que estaba muy orgulloso de ella por ser tan generosa y tierna, ya que, aunque la familia pertenecía a la religión sikh[4], su madre solía decir con frecuencia: «Dios habla en diferentes maneras y a través de distintas religiones». De esa

3 Sorna: Tono burlón con que se expresa ironía.

4 Religion Sikh: Una religión india fundada por Gurú Nanak, que se desarrolló en el contexto del conflicto entre las doctrinas del hinduismo y del islam durante los siglos XVI y XVII.

forma, su mamá lo animaba a fijarse en las cosas buenas que había en todas las creencias.

Este era el motivo por el cual Sundar y su madre iban de camino una tarde particularmente calurosa de septiembre a visitar al hombre santo, o Sadhu, como eran llamados los hombres santos, para recitarle, no la escritura sikh, sino la escritura hindú.

Aunque la mayoría de los niños de su edad que vivían en India en 1896 no conocían mucho sobre su fe, Sundar era un caso excepcional. No solo pasaba horas enteras escuchando a distintos maestros religiosos en los templos sikh, sino que ya se había memorizado el Bhagavad Gita y se sabía grandes porciones del Grant Sahib, la escritura sikh. Además, sabía que Gurú Nanak había nacido en una familia hindú y trabajado entre musulmanes antes de comenzar su propia religión en 1496 con solo veintisiete años de edad.

A diferencia de cualquier otro líder religioso de la época, Gurú Nanak adoraba a un Dios eterno y rechazaba el sistema de castas[5] en India, e insistía en que hombres y mujeres tenían el mismo valor ante Dios. Su mensaje era tan inspirador, que ahora, cuatrocientos años más tarde, la religión sikh seguía creciendo en el norte de India y sus seguidores creyendo en la existencia de un Dios bondadoso.

Sundar y su madre prosiguieron el sinuoso sendero que los condujo hasta las orillas de un frondoso bosque, donde finalmente hallaron al

5 Sistema de castas: Sistema mediante el cual se clasifica a las personas según su estatus social.

maestro Sadhu vestido con su habitual túnica color azafrán y sentado en actitud meditabunda bajo la sombra de un ficus[6]. Luego de darles una cálida bienvenida, el Sadhu procedió a hacerle algunas preguntas a Sundar. Sus ojos se iluminaron de emoción con cada una de sus respuestas. Finalmente le dijo:

—Ahora debes recitar el Bhagavad Gita.

El hombre se acomodó en el suelo con las piernas entrecruzadas y espalda recta mientras esperaba que Sundar comenzara a hablar. El emocionado muchacho aclaró su garganta y empezó a recitar el texto hindú en sánscrito.[7] Aunque al principio estaba nervioso y las palabras salían de manera vacilante en un tono muy agudo, a medida que los nervios se disipaban, las palabras comenzaron a fluir con mayor seguridad.

Sundar se concentró tanto en la recitación que no supo cuánto tiempo transcurrió desde que comenzó a declamar hasta que el hombre santo levantó la mano para indicarle que parara.

—Es suficiente, lo has hecho muy bien —le dijo el hombre santo.

Al oír esto, Sundar se puso en pie con el pecho en alto.

—Has recitado bien, sí; pero te sientes orgulloso de eso, y no debe ser así, pues el orgullo es un cruel enemigo. En cambio, debes aprender a ser humilde de la misma manera que has aprendido el Bhagavad Gita —le recalcó el Sadhu mirándolo fijamente.

6 Ficus: m. Planta de clima subtropical, de porte arbóreo o arbustivo, con hojas grandes, lanceoladas y de haz brillante.

7 Sánscrito: Lengua clásica india utilizada en ceremonias y ritos.

Sundar sabía que el hombre santo tenía razón. Se sentía muy orgulloso de haber recitado a la perfección el Bhagavad Gita. Sin embargo, al meditar en las palabras del Sadhu, sus hombros decayeron al tiempo que desviaba la mirada hacia el suelo polvoriento.

—¿Qué dice el Bhagavad Gita acerca del camino para agradar a Dios? —preguntó el Sadhu.

—Nos dice que la manara de agradarlo es cumpliendo todas las leyes que nuestros antepasados nos han transmitido —respondió el pequeño Sundar.

—¿Y qué más dice? —inquirió el Sadhu.

—También nos enseña que para agradar a Dios debemos poner en práctica la meditación, la abnegación, alejarnos de cualquier idea humana y pensar solo en las cosas de Dios —contestó Sundar.

—Eso es correcto —dijo el hombre santo con satisfacción. Luego agregó: —Si haces estas cosas, llegará el día en que tú también podrás convertirte en un Sadhu... Ahora debes irte, pero no olvides lo que hemos hablado.

—No lo haré —respondió el pequeño Sundar.

Acto seguido, tanto él como su madre se alistaron para emprender su regreso a casa. Esa noche, así como las siguientes, Sundar se la pasó meditando en lo que le había dicho el Sadhu y preguntándose en lo que debía hacer para convertirse en un hombre santo. Estaba tan empeñado en lograrlo, que se dedicó por largas horas a leer la escritura sij, hasta que su padre le llamó la atención y le advirtió que tanta lectura y meditación era malo para la salud. A pesar de las objeciones de su padre, Sundar no podía apartar de su pecho aquel ferviente deseo, pues anhelaba sinceramente encontrar el camino que lo guiara a Dios. Finalmente determinó que una de las mejores formas de lograrlo era haciendo el bien cada vez que tuviera oportunidad.

Un día, no mucho después, su padre le regaló una rupia[8] para que se la gastara en lo que quisiera en el bazar local. Emocionado, Sundar tomó el dinero y salió corriendo a toda prisa mientras decidía cuál de sus dulces favoritos compraría. Al llegar a la entrada del bazar, se topó con una mendiga de aspecto andrajoso. La mujer era solo piel y huesos, su cabello estaba enredado, sucio y sus ojos oscuros lucían vidriosos y hundidos. Su condición era tan lamentable que temblaba descontroladamente. Aunque Sundar ya la había visto antes, no se detuvo a observarla. Sin embargo, cuando estaba a punto de ingresar al bazar, repentinamente recordó su decisión de hacer el bien a quién pudiera y pensó que quizás esta era una buena ocasión para ayudar a la mujer que mendigaba a la entrada. Sin pensarlo dos veces, metió la mano en el bolsillo y sacó la rupia que le había regalado su padre. Luego de un instante de vacilación, resolvió que perfectamente podía renunciar a su golosina favorita con tal de hacer el bien.

—Esto es para usted —dijo el pequeño Sundar entregándole la rupia a la mujer.

8 Rupia: Unidad monetaria de la India, Pakistán y otros países.

Los hundidos ojos de la mujer se llenaron de lágrimas mientras extendía su temblorosa mano y recibía con un gesto de gratitud el inesperado regalo.

Un cálido sentimiento de satisfacción recorrió el cuerpo del niño por su gentil acción. Pero, ¿acaso había algo más que debería hacer? Claramente sí. Como si hubiera recibido una revelación, el pequeño Sundar emprendió tan rápido como pudo su regreso a casa.

—¡Padre!, ¡padre! —gritó a todo pulmón mientras entraba corriendo a la casa.

Su padre, que en ese momento se encontraba sentado en su escritorio escribiendo algo en su libreta de contabilidad, levantó la mirada para ver a qué se debía la alegría de su hijo.

—Padre, necesito que me des diez rupias ya mismo —dijo Sundar casi sin aliento—. Imagínate que hay una mujer mendiga a la entrada del bazar que está muy enferma y necesita nuestra ayuda. Le regalé la rupia que me diste, pero no le alcanza para mucho. Si me dieras diez rupias más podría comprarle algo de comida y una manta para que se abrigue del frío.

Sher Singh dejó a un lado su lápiz y miró fijamente a su hijo.

—Sundar, no puedo darte diez rupias. En primer lugar, es mucho dinero, y segundo, si te diera toda esa plata para esta mujer, enseguida todos los mendigos de Rampur y los alrededores vendrían corriendo hasta acá esperando el mismo trato. No, no, definitivamente no puedo darte ese dinero. Ya hiciste lo que podías hacer, ahora deja que alguien más se encargue de ella.

—Pero... —refunfuñó Sundar.

Su padre hizo una señal con la mano y no lo dejó seguir hablando.

—Suficiente, ya te dije que no —dijo enérgicamente su padre mientras tomaba el lápiz y continuaba escribiendo en la libreta.

El pequeño dio media vuelta y salió del cuarto un poco alicaído.[9] Fue entonces cuando, inesperadamente, vio la bolsa. Justo a un costado del aparador de la sala estaba el pequeño saco de tela donde su padre guardaba el dinero. Por más de que él no quiso pensar en nada, una alocada idea cruzó como un relámpago su cabeza. «No puedo hacer eso», se dijo a sí mismo. «No estaría bien robarle a mi padre», pensó con angustia. Cuando quiso marcharse, la imagen de la mendiga volvió a aparecer en su mente. Ella necesitaba su ayuda y él tenía que ayudarla. Antes de que se diera cuenta, Sundar ya había tomado la bolsa y sacado de ella un billete de diez rupias. «Mi padre nunca se dará cuenta de que falta este dinero», se tranquilizó a sí mismo, antes de salir corriendo a toda prisa hacia el bazar.

Estaba casi sin aliento cuando vio a lo lejos la frágil figura de la mujer sentada a la entrada. Sundar se detuvo en seco, atormentado por lo que estaba haciendo. De pronto un sentimiento de confusión se apoderó de él. ¿Cómo podía haberle robarle a su propio padre? Posiblemente su mal proceder anularía cualquier buena acción

9 Alicaído: adj. Débil, falto de fuerzas, triste o desanimado.

que intentara hacer a favor de la pobre mujer. Si lo hiciera, se encontraría más lejos de Dios y no más cerca de Él. A pesar de su desesperado deseo de ayudar a la mujer, al final optó por dar media vuelta y abrirse paso hacia su casa por entre las polvorientas calles. «Solo ha pasado media hora desde que tomé el dinero, muy poco tiempo como para que alguien haya notado su ausencia», cavilaba mientras se apresuraba a llegar a casa. Todo lo que tenía que hacer era simplemente regresar las diez rupias a la bolsa y nadie nunca sabría lo que él había hecho.

Sundar se sorprendió cuando entró a la casa y vio a su padre en el patio trasero paseándose de un lado al otro.

—Ah, ahí estás —dijo su padre al verlo llegar—. Falta algo de dinero de mi bolsa; exactamente diez rupias. ¿sabes algo al respecto, hijo?

Aunque el niño quiso responder que sí y devolver el billete, no fue capaz. Por su forma de mirarlo, sabía que su padre estaba furioso y temió ser castigado si confesaba la verdad.

—No, yo no sé nada al respecto —dijo fingiendo extrañeza.

—Entonces debió ser uno de los sirvientes —dijo su padre con firmeza—. Llegaré hasta el fondo del asunto. No podemos tolerar un ladrón en la casa.

El pequeño bajó la cabeza y se marchó sin comprender del todo el lío en el que se había metido. Esta vez caminó en dirección del bosque a las afueras del pueblo, pues quería estar solo y meditar con calma en el problema que había originado. No podía creer que por desear ayudar a la mendiga del bazar hubiera terminado convirtiéndose en un mentiroso ladrón.

El sol empezaba a ponerse cuando Sundar finalmente decidió emprender el regreso a casa. Al llegar, se enteró de que su padre había golpeado a todos los criados que servían en su casa como castigo por atreverse a robarle. Su madre le explicó que como ninguno había querido reconocer el delito, su padre no había tenido más remedio que castigarlos a todos.

Sundar se horrorizó tanto de lo que sus acciones habían causado, que esa noche no pudo comer ni dormir. Sentía que su conciencia lo atormentaba mientras daba vueltas en la cama y trataba de conciliar el sueño. ¿Cómo podría volver a mirar a su padre a los ojos o a alguno de los sirvientes, sabiendo que habían recibido un castigo que le correspondía a él? Fue tan grande su tormento, que al final no fue capaz de resistir más. Aunque era más de medianoche no podía esperar un segundo más para remediar las cosas. Así que de un brinco saltó de la cama y se fue a despertar a su padre.

A Sundar le temblaba todo mientras sacudía a su padre para que se despertara. Sher Singh se despertó con un sobresalto. Luego, vio con sorpresa cómo su hijo estiraba la mano para entregarle el billete de diez rupias y le confesaba lo que había hecho.

Cuando hubo finalizado su confesión, Sundar permaneció inmóvil, a la espera de la paliza que seguramente recibiría. Para su sorpresa, su padre en lugar de pedirle que trajera el látigo, se incorporó y lo cobijó con un fuerte abrazo.

—Sundar, siempre he confiado en ti y tu confesión me confirma que no me he equivocado. Ahora vete a dormir y hablaremos más de esto mañana.

Cuando Sundar despertó temprano en la mañana, su padre lo esperaba con el bolso de dinero en la mano. Sher Singh sacó las diez rupias y se las entregó.

—Toma el dinero y compra algo de comida y una manta para la mujer mendiga —le dijo. Luego le dio una rupia más y añadió: —Esto es para ti, para que te compres unos dulces mientras estás en el bazar.

—Gracias, padre. Muchas gracias —dijo Sundar al recibir el dinero, sin poder comprender el bondadoso gesto de su padre. Acto seguido, se vistió tan rápido como pudo y se dirigió al bazar.

Poco después de este incidente, ocurrió algo inusual en la vida de Sundar, comenzó a asistir a la *Escuela Misionera Presbiteriana* estadounidense que quedaba cerca de su casa. La razón por la que esto era toda una novedad se debía a que casi a ningún niño en Rampur se le permitía asistir a una escuela cristiana, ya que los sikh despreciaban a los cristianos por creer que Dios había descendido a la tierra y tomado forma de hombre. A pesar del rechazo casi generalizado de la comunidad hacia los cristianos, la madre de Sundar era diferente. Prueba de ello era la estrecha amistad que tenía con de dos misioneras extranjeras y su voluntad de matricular a su hijo en una escuela cristiana.

Sundar estaba más que contento de poder asistir a la escuela. Y, de hecho, lo disfrutó enormemente hasta que cumplió los catorce años cuando un terrible hecho estremeció a la familia. Su madre murió inesperadamente dejándolo a él profundamente devastado. Sundar se preguntaba qué iba a ser de su vida de ahora en adelante, ya que todos sus actos religiosos, sus oraciones, las visitas al templo o al Sadhu para recitarle el Bhagavad Gita, así como lo poco que sabía del Dios de la Biblia cristiana, dependía enteramente de la motivación que le daba su madre.

A ella le debía también la enseñanza sobre la creencia hindú de la reencarnación, la cual enseña que cada alma está destinada a pasar por un ciclo casi interminable de muerte y renacimiento hasta lograr el mérito necesario para dejar este mundo definitivamente. Aunque Sundar había creído a ojos cerrados las enseñanzas de su madre respecto a la reencarnación, ahora que ella ya no estaba, no encontraba consuelo alguno en esa creencia. La sola idea de que el alma de su madre pudiera renacer en el cuerpo de alguien que él no podría reconocer lo entristecía y lo angustiaba.

A pesar de que los misioneros trataron de consolar a Sundar con pasajes de la Biblia, él escupía esas palabras en sus caras. Al parecer en su mente solo había espacio para la amargura y para pensar en lo ingenuo que había sido al querer encontrar a Dios y servirle. Su corazón se fue endureciendo tanto, que un mes después de la muerte de su madre, los maestros de la escuela cristiana ya no sabían qué hacer para controlarlo. El inquieto muchacho estaba tan defraudado del Dios cristiano que no hacía otra cosa que discutir con los profesores en cada clase y refutarles todo lo que estos decían durante los estudios bíblicos. Para ello, citaba pasajes de las escrituras hindú, sij y budista para apoyar sus puntos de vista.

Un día, finalmente, Sundar le comunicó a su padre que no volvería a la escuela cristiana y que empezaría a asistir a la escuela pública, así tuviera que caminar diariamente los casi siete kilómetros que le tomaría en ir y volver. Su padre lo vio tan decidido que acató su decisión.

Aunque Sundar estaba decidido a borrar las enseñanzas cristianas de su mente, pronto descubrió lo difícil que era lograrlo por su cuenta. Fue entonces cuando se le ocurrió la idea de reunir a un grupo de jóvenes hostigadores para molestar a los cristianos del pueblo. Su odio hacia ellos había crecido a tal punto que juró no descansar hasta que fueran expulsados completamente del poblado. Por más que su padre trató de hacerlo entrar en razón, Sundar no estaba dispuesto a dar su brazo a torcer. Ahora que su madre había muerto, no le importaba lo que los demás pensaran de él.

Sin embargo, con la llegada del implacable calor del verano en la planicie del Punjab, la vida de Sundar dio un giro inesperado. De pronto su cuerpo empezó a debilitarse tanto, que su habitual recorrido de más de siete kilómetros para ir y volver a la escuela se le convirtió en una verdadera tortura. Comprendió el motivo una mañana cuando intentó pararse de la cama y no pudo. A pesar del intenso calor, su cuerpo estaba tiritando y sudando frío. Para su infortunio, había contraído malaria.

Capítulo 3

El impacto más grande de su vida

La malaria afectó de tal modo a Sundar que la mayor parte del verano la pasó deprimido y apático. No obstante, con la llegada del otoño y el inminente regreso de las clases, Sundar comenzó a imaginarse cómo se las arreglaría para caminar los kilómetros que separaban su casa de la escuela. Al parecer, la única solución a su dilema era regresando a la escuela cristiana que quedaba más cerca de su casa. Aunque la sola idea le producía arcadas, al final tuvo que aceptar a regañadientes que su padre lo inscribiera en ese despreciable lugar.

A pesar del antecedente conflictivo de Sundar, el director de la escuela, el reverendo Newton, aceptó reintegrarlo. Si bien el rebelde muchacho ya no los molestaba ni les tiraba piedra, tampoco estaba aprendiendo mucho en clase. Aparentemente las secuelas de la malaria hacían que se la pasara adormilado todo el tiempo o se distrajera con facilidad. Tal situación fue en aumento y Sundar empezó a convencerse seriamente de que terminaría muriendo a causa de los efectos de la malaria antes de que lograra graduarse. Pensar en esa posibilidad lo entristecía profundamente.

Con el paso de los días, su tristeza comenzó a transformarse en enojo, no con sus profesores, sino con el Dios de los cristianos. Aun así, en una ocasión, luego de asistir a un estudio bíblico, Sundar se acercó a uno de los maestros y le pidió que le vendiera una copia del Nuevo Testamento. El maestro accedió encantado, pensando que a lo mejor su lectura produciría un cambio favorable en la conducta de su apático alumno. Sin embargo, Sundar quería comprar el Nuevo Testamento, no para leerlo, sino para ejecutar un perverso plan.

Esa misma noche, reunió a todos sus amigos en el patio de la casa y, con actitud misteriosa, los hizo esperar mientras él corría la cocina a buscar algo. Un instante después regresó con un montón de leña y un tarro con keroseno. Ante la mirada expectante de todos, arrumó la leña en el piso y la roció con petróleo. Luego de comprobar que estuvieran completamente empapados del líquido inflamable, dejó la lata de keroseno a un lado, rastrilló una cerilla de fósforo y la dejó caer sobre el montón de palos secos originando una potente llamarada. El fogonazo del incendio fue tan grande que por poco le chamusca la cara a los chicos allí congregados.

Cuando Sundar estuvo seguro de que tenía la atención de sus amigos, dio un paso adelante y levantó el Nuevo Testamento con un gesto dramático. Luego, sin decir una sola palabra, abrió el libro y comenzó a deshojar sus páginas una a una, mientras las arrojaba al fuego y veía con agrado cómo ardían.

Al principio el muchacho se sentía eufórico; pero a medida que las llamas consumían las últimas páginas del Nuevo testamento, una ola de remordimiento comenzó a invadirlo por dentro. Por un instante, se imaginó el rostro de su madre y se preguntó qué pensaría ella de lo que estaba haciendo, ya que ella siempre había enseñado que cada religión era muy valiosa. Sundar, sin embargo, recordó lo mucho que él dudaba de que eso fuera cierto. Además, el hecho de que el Dios cristiano no lo hubiera matado por quemar el Nuevo Testamento, era para él una prueba irrefutable de que tal Dios no existía y que se trataba solo de un conjunto de mentiras reunidas en un libro. Cuando creyó que recuperaba la serenidad mental, una nueva inquietud lo atravesó de pies a cabeza. ¿Y qué de los dioses hindúes y los gurús sikhs? ¿Ellos sí eran reales, o eran también una vil mentira?

De pronto Sundar sintió la necesidad de saber con certeza qué era cierto y qué no. Pero, ¿cómo podía averiguarlo si aún se sentía enfermo y deprimido a causa de la malaria, y ya no confiaba en lo que su madre le había enseñado? Y todo por culpa de Dios, quien quiera que fuera, había arrebatado a su madre de su lado. A diferencia de sus hermanos mayores, él creía que no valía la pena vivir sin tener una certeza absoluta respecto a Dios. Mientras meditaba en esto, escuchó a lo lejos el silbido de un tren anunciando su llegada a Rampur. Entonces, se le ocurrió una idea descabellada y nada lo detuvo.

Tres noches después de haber quemado el Nuevo Testamento, Sundar seguía pensando en su alocada idea mientras trataba de dormirse. Finalmente llegó a la conclusión de que había llegado el momento de actuar. En completo silencio salió de su estera, se envolvió en la manta y se dirigió sigilosamente hacia el baño en el patio trasero de la casa. Mecánicamente saco un cubo de agua del pozo y se lo vació encima. Aunque el frío que sintió fue extremadamente abrasador, sabía que eso era lo que buscaba. Luego, completamente convencido de lo que hacía, regresó al cuarto, se sentó en la estera de dormir y oró con un fervor igual de intenso al frío que sentía: «Dios, si estás ahí, revélate a mí esta misma noche. Si no lo haces, me quitaré la vida antes de que amanezca. No quiero vivir un día más sin recibir respuesta a todos mis interrogantes». Luego se recostó y esperó en silencio.

La decisión de quitarse la vida no era una amenaza banal[1]. Sundar sabía que el tren pasaba por Rampur hacia Lahore cada mañana a las cinco en punto, y si no recibía una respuesta de Dios antes de esa hora, él estaba determinado a acostarse en los rieles del tren y esperar a que este lo arrollara. Estaba plenamente convencido de que era mejor morir, que continuar con una vida sin sentido.

Pasó una hora, luego otra y Sundar aún seguía despierto y atento a cualquier ruido o señal que

1 adj. Trivial, común, insustancial.

le indicara que Dios estaba allí. Alrededor de las cuatro y media de la madrugada su mente empezó a pensar en el tren y en su decisión de acabar con su vida. Pronto se convenció de que la manera más rápida y sencilla de cumplir con su propósito era acostándose en los rieles y esperar a que el tren lo aplastara. Pensaba en su pavorosa intención cuando, repentinamente, un extraño resplandor invadió la habitación. Al principio pensó que la luz provenía de afuera, pero al observarla con calma, cayó en la cuenta de que las cortinas estaban cerradas. Entre tanto, el resplandor fue en aumento hasta convertirse en una penetrante luz blanca. Fue entonces cuando vio aparecer de en medio de ella la silueta de un hombre. Aunque Sundar no estaba seguro de si aquello era real o solo producto de su imaginación, lo cierto es que la visión cada vez se iba haciendo más intensa.

Mientras Sundar se frotaba los ojos para poder mirar más claramente la visión, recibió el impacto más grande de su vida cuando vio que la imagen no correspondía a Krishna o Buda como había sospechado inicialmente, sino al mismísimo Jesús de Nazaret. Pero,«¿cómo puede ser esto posible?», pensó. «Acaso Jesús no murió hace veinte siglos atrás?», se preguntó mentalmente, mientras veía con asombro cómo Jesús lo observaba fijamente a los ojos.

Entonces una voz le habló en un perfecto indostano[2]:

—¿Hasta cuándo me perseguirás? —le preguntó—. A causa de tu oración y deseo de conocer el

2 adj. Natural del Indostán, región de Asia. U. t. c. s.

camino correcto, he venido a salvarte. ¿Por qué no aceptas, si Yo Soy el camino?

Al oír estas palabras, Sundar se puso de rodillas y comenzó a orar con fervor, pidiéndole a Jesucristo que lo perdonara y lo cambiara.

En ese momento la visión se desvaneció. Mientras Sundar se ponía de pie, oyó a la distancia el sonido del tren. Increíblemente ya no tenía el deseo de acabar con su vida. La paz y el gozo que sentía eran tan grandes que quería salir corriendo y contarle a alguien lo que le había sucedido, pues ahora ya sabía con certeza que el Jesús del que hablaban los misioneros cristianos estaba vivo y era el verdadero Hijo de Dios.

Sin perder un instante, Sundar corrió a la habitación de su padre.

—¡Padre, despierta! Tengo algo que contarte —dijo sacudiendo a su padre para despertarlo.

Sher Singh entreabrió sus cansados ojos.

—¿Qué pasa? —balbuceó.

—Padre, tengo una noticia maravillosa —dijo el muchacho eufórico —. He visto a Jesús. Me visitó en el cuarto y me habló en indostano.

Su padre se incorporó rápidamente mientras se restregaba los ojos.

—¿De qué estás hablando? —preguntó —. ¿Hace apenas tres días que quemaste la Biblia cristiana y ahora me dices que crees en lo que ella dice? ¿Así de mal estás de la cabeza?

Sundar miró fijamente a su padre, pensando en cómo hacerlo entender. Sin embargo, antes de que su hijo le dijera algo, Sher Singh lo sujetó por el hombro y le dijo:

—Vete a dormir más bien. Ya mañana te darás cuenta de lo ingenuo que estás siendo. Solo fue un sueño y no debes emocionarte con esas tonterías.

Sundar regresó al cuarto y se acostó con la intención de dormirse, pero no podía conciliar el sueño. Le parecía increíble que Jesús estuviera vivo. «Con razón los misioneros vinieron desde el otro lado del mundo a India a hablarnos sobre su Dios», pensó. «A lo mejor yo también haga lo mismo ahora que sé que lo que los cristianos decían acerca de su Dios es verdad».

A la mañana siguiente, se levantó radiante con la intención de hablar con su padre respecto a lo que le había sucedido la noche anterior mientras desayunaban. No obstante, se entristeció al ver que su padre parecía más interesado en hablar con sus hermanos mayores que con él. A mitad del desayuno, se cansó de ser ignorado y decidió tomar la iniciativa:

—Padre —comenzó diciendo—, quisiera que habláramos acerca de lo que me sucedió anoche.

Sher Singh hizo un brusco gesto con la mano para que se callara:

—No le prestes atención a eso, hijo. Lo que te sucedió anoche fue que tuviste una pesadilla por leer libros cristianos en la escuela.

—Pero, padre —dijo Sundar con un creciente tono de desesperación—, ¡fue real!, vi a Jesús, y no digas que fue una alucinación o una pesadilla, pues justo antes de que sucediera me había echado una cubeta de agua helada encima para asegurarme de no tener un mal sueño. Además, hoy me siento una persona distinta.

Dos de sus hermanos mayores se echaron a reír.

—Me siento diferente —continuó Sundar, y no me da vergüenza confesarlo. Ahora soy cristiano y lo seré hasta el día de mi muerte.

—Eso sería absurdo, hijo —respondió su padre con firmeza—. Eres un sikh, Sundar, no un cristiano. Eres el hijo de un sikh, al igual que tus hermanos. Tu deber es casarte con una mujer sikh y criar a tus hijos en la misma religión. Esa es nuestra herencia y nuestro gran orgullo, ¿me entendiste?

Sundar asintió con la cabeza en señal de que entendía, ya que hasta ahora esa había sido su intención. Sin embargo, la visión acerca de Jesús lo había cambiado todo, y él sabía que debía ser fiel a tal visión.

—Padre, haré cualquier cosa por complacerte, excepto en esto —dijo Sundar con profundo respeto—. He estado buscando a Dios, y ahora que lo he encontrado no lo dejaré ir, incluso si eso me costara la vida.

—Y no dudes de eso, podrá costarte la vida —escuchó Sundar a uno de sus hermanos murmurar entre dientes.

Capítulo 4

Te rechazamos para siempre

—¡Ahí va! —gritó uno de los antiguos amigos de Sundar al verlo doblar una esquina cuando este se dirigía al mercado—. ¡Alcáncenlo!

Inesperadamente Sundar vio cómo el mismo grupo de instigadores que él había dirigido durante el verano le cerraba el paso:

—Dinos que no es verdad que te volviste cristiano —lo increpó uno de ellos—. Es una broma, ¿verdad?

—Sí, queremos oír de tus propios labios si es verdad que le diste la espalda a los sikhs para seguir al Dios de los hombres ingleses —dijo otro de los muchachos.

Sundar sintió que el corazón le latía más fuerte dentro del pecho. Tras un instante de vacilación, respiró profundo y respondió:

—Sí, es cierto —dijo—. Aunque no era mi intención convertirme en un cristiano, Jesús se me apareció en una visión y ahora deseo servirle por el resto de mi vida.

—Pero, podría ser una vida muy corta —sonrió irónicamente el muchacho más alto del grupo sacando un palo que llevaban escondido detrás y mostrándoselo con actitud amenazante—. ¿Estás seguro que eso es lo que quieres?

Sundar asintió.

—Si vivo o muero, no me importa. Ahora le pertenezco a Cristo y eso es suficiente para mí —contestó.

Una risita nerviosa surgió de entre el grupo. Luego, uno tras otro, los chicos comenzaron a alejarse.

—Te mantendremos vigilado —le dijo uno de los chicos por encima del hombro.

Los mangos y el arroz que le habían enviado a comprar ya no parecían ser tan importantes. Casi sin pensarlo, Sundar pasó por en frente del mercado y se dirigió hacia el camino que conducía a casa del hombre santo. Conocía perfectamente la ruta, pues la había recorrido cientos de veces en compañía de su madre. Mientras caminaba a paso firme pensó en lo mucho que la extrañaba y en lo mucho que deseaba que estuviera viva. Estaba seguro que ella sí comprendería su situación y que no se burlaría de su nueva fe. También sabía que ella hubiera intercedido por él ante Sher Singh. Sin embargo, ella se había ido y ya no había nadie que pusiera la cara por él.

Sundar también era consciente de lo avergonzando y enojado que estaba su padre por su conversión al cristianismo, ya que ser un sikh era mucho más que unas creencias religiosas, era vivir como una gran familia donde todos se consideraban hermanos entre sí. El lazo de hermandad que tenían era tan fuerte que todos los miembros de su comunidad habían adoptado el apellido Singh —que en el dialecto nativo significa león—, para simbolizar fortaleza, valentía y lealtad. Él, sin embargo, había roto ese vínculo y traicionado a todos los sikhs de la India. Mientras caminaba pensando en esto, Sundar sintió como si llevara una pesada carga sobre sus hombros. Fue entonces cuando sintió la necesidad de frenar la marcha para levantar la mirada al cielo y pedirle a Dios que le mostrara cómo podía superar la terrible crisis emocional en la que se hallaba.

Un instante después, Sundar estaba seguro de lo que debía hacer: regresaría a Rampur y defendería el nombre de Cristo. Si eso significaba perder cualquier privilegio, él estaba más que dispuesto a asumir el costo.

Afortunadamente las cosas marcharon mejor de lo esperado en la escuela. Los maestros oraban constantemente por Sundar y lo animaban a permanecer fiel a su nueva fe. Ellos creían que él era un líder nato y pensaban que, si se mantenía firme en sus convicciones cristianas, lo más probable es que otros chicos decidieran seguir su ejemplo. Y en efecto, así fue. Un mes después otros tres chicos sikhs abrazaron el cristianismo y pedían con ansias ser bautizados al igual que Sundar.

La noticia sobre el inminente bautismo de los cuatro muchachos generó un revuelo monumental en Rampur. La gente del pueblo podía aceptar un converso, especialmente si se trataba de Sundar que había demostrado ser un muchacho muy religioso; pero cuatro chicos renunciando a la fe de sus padres era demasiado como para ser pasado por alto.

Sin saberlo, el entusiasmo de Sundar por su nueva fe enardeció los ánimos de la gente de Rampur hacia los misioneros, hasta el punto de convertirse en un inminente peligro. No mucho después el director de la escuela cristiana, el reverendo Newton, fue citado por el magistrado local para exigirle que rindiera cuentas sobre el por qué estaba contaminando la fe de los muchachos. El magistrado también ordenó el cierre de la escuela cristiana y que los recién convertidos fueran capturados y encarcelados. La persecución fue tan grande, que dos de los recién convertidos acabaron renunciando a su fe cristiana y retornando a su religión. Por su parte, Gurdit Singh, otro de los recién convertidos, logró escapar a tiempo a una base misionera a más de trescientos kilómetros en Khanna, donde según algunos rumores que llegaron a Rampur, fue bautizado.

Sundar, entretanto, observaba aterrado cómo se desarrollaban las cosas a su alrededor. No podía creer que antes de ser cristiano él hubiera deseado destruir la escuela cristiana y que este propósito hubiera terminado convirtiéndose en una triste realidad justo ahora que él era cristiano. Ante tales circunstancias, todo lo que podía hacer era orar y esperar a que la situación mejorara.

Pero no fue así. Sundar se enteró que el padre de Gurdit había viajado hasta Khanna para rogarle a su hijo que volviera a casa, aduciendo que su madre estaba muy enferma. Sin embargo, cuando

Gurdit regresó a casa se dio cuenta de que todo era una mentira para que él volviera, y que su madre estaba en perfectas condiciones. A pesar de la treta[1], su familia lo recibió complacida e incluso parecía dispuesta a tolerar su nueva religión. No obstante, una semana después, Sundar se enteró de que Gurdit había muerto. Al parece sus hermanos lo habían envenenado por deshonrar el apellido familiar.

En vista de que las cosas en la casa de Sundar también empeoraban a pasos agigantados, pensó que lo mejor que podía hacer era visitar al reverendo Newton para pedirle ayuda. El señor Newton, quien había decidido permanecer en Rampur a pesar de que la escuela estuviera cerrada, le sugirió inscribirse en un internado para jóvenes cristianos que había en Ludhiana. En vista de que a Sundar la propuesta le pareció excelente, el reverendo Newton se comprometió a conseguirle una beca para que cubriera los gastos en el internado, además de comprarle un boleto de tren para que viajara lo antes posible.

Sundar suspiró aliviado al traspasar el portón que separaba la calle del internado. Los últimos meses habían sido los más difíciles de su vida, y estar entre gente que creía lo mismo que él era algo que lo alegraba profundamente. Sin embargo, pronto descubrió que la mayoría de sus compañeros no compartía su mismo gozo y entusiasmo por haber conocido a Jesús. A pesar de que todos participaban de los mismos tiempos de oración y estudios bíblicos, mostraban poco interés por el cristianismo. Esa

1 Treta: Artificio sutil e ingenioso para conseguir algún intento.

actitud sorprendía a Sundar, quien se comenzó a preguntarse si alguna vez estaría rodeado de personas que realmente pensaran igual que él.

Sundar comenzaba a desesperarse por el ambiente al interior del internado, cuando, inesperadamente, recibió una carta de su padre. Con manos temblorosas abrió la encomienda y empezó a leer:

> Querido hijo mío, luz de mis ojos y consuelo de mi corazón; que tengas larga vida y salud... ¡Te ordeno de que cases te inmediato!...Date prisa y no nos defraudes. ¿Acaso la religión cristiana enseña a desobedecer a los padres? ¿O es que te volviste loco y quieres que nuestro apellido desaparezca? Si te comprometes con alguien, te cederé todo el dinero que tengo ahorrado en tres diferentes cuentas bancarias (cuyo interés asciende a tres o cuatro mil rupias por mes); de lo contrario, perderás todo lo que he guardado para ti... Te harías un gran favor si regresas a casa ahora mismo... no me encuentro bien.

La lectura de aquella carta dejó a Sundar sumido en un profundo dilema. Aunque el cristianismo ciertamente enseñaba obedecer a los padres, también decía que debemos honrar a Dios por encima de todo. Debido a la situación que atravesaba, el muchacho se encontraba en un gran dilema.

Durante los siguientes días oró con gran fervor a fin de aclarar su futuro. ¿Debía quedarse en el internado o volver a casa? Si bien la idea de regresar no era del todo desagradable, el recuerdo de lo que le había sucedido a Gurdit lo hacía reconsiderar una y otra vez esa posibilidad. Sin embargo, a medida que más oraba, más se convencía de que debía volver a Rampur y vivir con su familia.

Finalmente, Sundar regresó a casa donde su padre y sus hermanos lo recibieron con cariño. Aunque él hizo todo lo posible por encajar en la familia, pronto se hizo demasiado evidente que su padre no descansaría hasta que él renunciara a la fe cristiana y regresara a su herencia sikh.

En una ocasión, Sher Singh envió a Sundar a visitar a un tío adinerado. Luego de darle la bienvenida, su tío lo llevó al sótano de la casa donde tenía una gran bóveda de acero llena de billetes y joyas que brillaban a la luz de la lámpara de aceite.

—Te daré todas estas riquezas si renuncias a tu nueva fe y vuelves a la religión de tus padres y antepasados —le propuso su tío.

Sundar, sin embargo, no tuvo que pensar mucho para saber lo que debía responder.

—Gracias, tío —respondió Sundar—, pero no puedo aceptar tu oferta. Debo seguir adelante con lo que considero es la verdad.

Su negativa a aceptar la oferta de su tío rico hizo que su padre y sus hermanos lo instigaran como nunca. Fue tal el nivel de presión que sentía, que cuando su primo Spuran lo invitó a pasar unos días en Nabhu, este aceptó encantado. Spuran Singh ocupaba un alto cargo al servicio de la maharajá[2], o príncipe del estado de Nabhu, el cual tenía mucho poder y era venerado por todos. Después de dos días en Nabhu, el maharajá lo mandó llamar al palacio para una audiencia.

2 Maharajá: Monarca o regente de un estado de India.

Cuando Sundar llegó a aquel magnífico palacio fue guiado enseguida por los sirvientes hasta el salón real donde el maharajá lo esperaba sentado en su majestuoso trono.

El maharajá indicó a Sundar que diera un paso al frente.

—Así que tú eres Sundar Singh —comenzó diciendo el príncipe—. ¿Por qué traes deshonra a tu raza? Mírate, llevas el distintivo brazalete y tienes el pelo corto al estilo sikh además tienes nuestro apellido. ¿Por qué entonces no te comportas como uno de nosotros? Eres un Singh y llevas el apellido de tus antepasados. Me imagino que sabes lo que significa, ¿no es así?

—Sí, señor. Significa león —respondió Sundar con respeto.

—Si eres un león, ¿entonces por qué te comportas como un chacal? —le preguntó el mahajará con rudeza.

Sundar no supo qué responder. Entonces el príncipe lo espetó[3] con mayor severidad:

—Abandona esta religión extraña y regresa a la fe de tu gente y ancestros. Hazle honor al apellido Singh y su glorioso significado. Si lo haces, te garantizo que tendrás una posición de honor y poder, como la de tu primo Spuran. Ahora vete y medita en lo que te he dicho.

—Sí, señor —dijo Sundar abandonando el salón real.

Sundar pensó largo y profundo en lo que el príncipe le acaba de decir. «Tu cabello se ve igual que

3 Espetó: Decir a alguien de palabra o por escrito algo, causándole sorpresa o molestia.

el de los Sikh», eran unas palabras que taladraban constantemente en su cabeza. Después de mucho pensar en esto, Sundar parecía tener claro lo que debía hacer. Lo primero que hizo al regresar a Rampur fue tomar unas tijeras y correr a encerrarse en su habitación. Unos pocos minutos le bastaron para cortar de tajo los largos mechones de su negra cabellera. Ya no había vuelta atrás y Sundar sabía lo que buscaba al cortarse el cabello. Los hombres sikhs estaban obligados por su religión a llevar el cabello largo enrollado bajo un vistoso turbante y ahora Sundar ya no lucía como uno de ellos.

Cuando Sher Singh supo lo que su hijo había hecho sus ojos se llenaron de furia.

—Te rechazamos para siempre —le dijo su padre.

Sundar sabía lo que su padre diría después; es decir, que proferiría[4] sobre él las palabras más horribles que un padre pudiera decirle a un hijo o hija.

—En nombre de toda la familia declaro que ya no eres digno de ser llamado mi hijo. A partir de ahora ya no tendremos nada que ver contigo y te olvidaremos como si nunca hubieras existido. Saldrás de esta casa sin nada más que la ropa que llevas puesta, y nunca jamás podrás regresar —sentenció su padre con severidad. Tras una breve pausa, le señaló la puerta principal y le ordenó: ¡Ahora largo de aquí!

Sundar sentía que la cabeza le daba vueltas mientras abría la puerta y abandonaba la casa de

4 Proferiría: Del verbo proferir. Pronunciar, decir, articular palabras o sonidos.

su infancia. Con quince años, ahora estaba completamente solo, sin familia y sin un lugar donde dormir.

Sundar estuvo vagando sin rumbo hasta que la noche lo sorprendió a orillas del bosque. Vencido por el cansancio, recogió un montón de hojas secas y se recostó a descansar. La noche se le hizo eterna y tediosa. Al rayar el alba[5], descubrió con algo de asombro que en uno de los bolsillos llevaba un Nuevo Testamento y dinero suficiente como para comprar un pasaje de tren. «¿Dónde puedo ir con esto?», se preguntó sacando las pocas rupias del bolsillo y mirándolas con detenimiento. Después de un instante de vacilación, sintió que quería regresar al internado en Ludhiana y terminar la escuela.

Meditaba en esto, cuando recordó que el tren que viajaba hacia Ludhiana pasaría por la estación de Rampur en exactamente treinta minutos. Entonces se echó a correr a toda prisa hacia la estación del tren. Mientras pasaba por el pueblo, la gente comenzó a maldecirlo y escupirlo. Incluso una mujer corrió indignada a lavarse a una fuente luego de que su sombra alcanzara a rozarla. Él, sin embargo, apenas se dio por enterado del revuelo que su presencia estaba causando. A medida que apuraba el paso hacia la estación sintió que su cuerpo se debilitada y que el estómago empezaba a dolerle. Sundar pensó que quizás se debía al hambre que sentía.

Sundar respiró aliviado cuando supo que el dinero que llevaba le alcanzaba apenas para llegar a Ludhiana. Con un movimiento rápido tomó el boleto y corrió al tren que en ese momento empezaba a

5 Albo, alba: f. amanecer (tiempo durante el cual amanece).

ponerse en marcha. Una vez dentro del tren, el agitado muchacho se dejó caer sobre el rústico asiento de madera con una expresión de sosiego en el rostro. A pesar de la paz que sentía por llegar al tren a tiempo, el dolor de estómago no mejoraba, sino que iba en aumento. Finalmente, luego de treinta minutos de viaje, sintió unas ganas irresistibles de vomitar. Apenas si alcanzó a abrir la ventanilla y asomar la cabeza cuando, tras una arcada violenta, expulsó todo lo que tenía en el estómago. Al ver el vómito salpicar las paredes del tren notó que este estaba mezclado con sangre. No pasaría más que un instante, para que Sundar sospechara lo que le sucedía: al parecer su familia lo había envenenado antes de expulsarlo de la casa y ahora él estaba muriendo.

Ante tal circunstancia, Sundar pensó que no lograría llegar con vida a Ludhiana. Entonces oró a Dios para que le mostrara qué debía hacer. De pronto, recordó que uno de los maestros —el reverendo Uppal— que había sido expulsado del pueblo cuando se ordenó el cierre de la escuela, vivía en Rupar, donde, casualmente, el tren haría la siguiente parada. Sundar decidió que se bajaría en Rupar y buscaría al maestro y su esposa.

A Sundar le pareció una eternidad antes de que el tren se detuviera en la estación de Rupar. Inmediatamente se abrió paso a trompicones[6] y bajó del vagón. Posteriormente le preguntó a alguien cómo llegar a la casa misionera. A pesar del malestar que sentía, se la arregló para dar con el lugar y tocar a la puerta. El reverendo Uppal no había terminado de

6 Trompicones: A tropezones, a empujones, a golpes.

abrir la puerta cuando Sundar se desplomaba seminconsciente en sus brazos.

Cuando recobró un poco la conciencia, se dio cuenta que estaba acostado en una cama y que dos hombres hablaban a la entrada de la habitación.

—No hay nada que pueda hacer, señor Uppal —oyó que decía uno de los hombres—. El muchacho está muy mal y lo más probable es que muera antes del amanecer. No hay caso que le aplique algún medicamento, pues no existe nada que pueda ayudarlo a mejorar su condición. Temprano en la mañana me comunicaré con usted para preparar el funeral.

—Vale, doctor; muchas gracias por venir —respondió el reverendo Uppal.

«¿Morir? No voy a morir. Aún hay muchas cosas que Dios quiere que yo haga», pensó. Saber que podía morir lo hizo determinar no darse por vencido y, en los breves momentos en los que recuperaba la conciencia, le pedía fervientemente a Dios que lo sanara.

Cuando el sol se elevó sobre los cielos de Rapur y Sundar abrió los ojos, se halló con las fuerzas necesarias como para de sentarse por sí mismo. Increíblemente el estómago ya no le dolía y tampoco se sentía tan débil. La señora Uppal, que había pasado toda la noche a su lado cuidándolo, lo miró sorprendida. «la señora Uppal me mira como si hubiera visto un fantasma», pensó Sundar.

—Todo está bien, señora Uppal —dijo Sundar con voz débil—. Dios me ha sanado. Él todavía tiene muchas cosas por hacer conmigo y ningún veneno se interpondrá en su propósito. Más bien ayúdame a pararme que quiero salir al jardín a recibir un poco de sol.

Dos horas más tarde, cuando el doctor llegó a organizar su funeral, se asombró al encontrar al supuesto moribundo sentado en el jardín de buen ánimo y completamente sano.

Ahora que se sentía mejor y que no iba a morir, Sundar debía comenzar a planificar su próximo paso.

Capítulo 5

Sadhu Sundar Singh

Ahora que se había recuperado de la intoxicación, lo más lógico era que Sundar continuara su viaje hacia el internado en Ludhiana y tratara de encajar allí. Y eso hizo. Sin embargo, con su arribo al internado cristiano llegaron también más problemas.

A pesar de que su padre lo había declarado muerto, cuando los otros miembros de la familia se enteraron que tal cosa no había ocurrido, lo siguieron hasta Ludhiana, derribaron las puertas del internado y le exigieron que regresara con ellos a Rampur. La situación se tornó tan peligrosa, que el director del internado tuvo que pedirle que alistara las maletas y abandonara la escuela por seguridad del resto de estudiantes.

Sundar estuvo de acuerdo y ese mismo día fue llevado de forma furtiva[1] al hospital para leprosos que la misión presbiteriana estadounidense

1 Furtiva: Que se hace a escondidas.

administraba en Sabathu, a tan solo 37 kilómetros de Simla, donde la familia de Sundar solía ir de vacaciones cuando él era pequeño.

Pasaron nueve meses tormentosos desde que se hiciera cristiano, y Sundar se sentía más que satisfecho de estar en un lugar donde finalmente podía tener paz y descanso. Durante el día ayudaba a cuidar de los leprosos del hospital, y por la tarde leía el Nuevo Testamento y oraba para entender qué debía hacer con su vida. Aunque algunos médicos y enfermeras del hospital lo animaban a que se inscribiera en el seminario y se preparara para ser misionero, él no estaba muy seguro de esa idea. Mientras más tiempo pasaba entre cristianos indios, más se cuestionaba por qué ellos se esforzaban tanto en imitar las costumbres estadounidenses. Para Sundar resultaba incomprensible que los cristianos indios vistieran como occidentales, cantaran himnos en inglés en lugar de sus canciones nativas, y tendieran a creer que la comida estadounidense o el hablar en inglés los hacía mejores cristianos.

Sundar creía que el cristianismo era algo distinto. Para él, el mensaje del evangelio no tenía nada que ver con la forma en la que los misioneros estadounidenses vestían, comían o cantaban. Por eso deseaba que su gente asimilara el cristianismo como algo propio; es decir, no como una religión extranjera, sino como algo que hacía parte de su propia herencia y cultura.

Al pensar en esto, Sundar recordó una particular escena que había presenciado en la estación del tren de Rapur. Mientras esperaba que el tren partiera hacia Ludhiana vio cómo un sacerdote brahmán[2] era casi arrastrado por sus ayudantes y acomodado en la silla de al lado. Por su aspecto sudoroso fue fácil suponer que el sacerdote estaba sufriendo un ataque de calor y que estaba a punto de desmayarse. Al notar la situación, el encargado del vagón del tren corrió a conseguirle un vaso con agua. Sin embargo, el sacerdote se negó a recibir el vaso con agua porque estaba impuro y no estaba servida en su copa de bronce. Al ver la reacción del sacerdote, uno de sus ayudantes corrió a buscar entre su equipaje de mano la copa de bronce y vació el vaso del agua en ella. Al ver que ahora el agua estaba en su copa personal, el sacerdote brahmán procedió a beber de ella con desespero.

Mientras recordaba esta anecdótica escena Sundar consideró que el cristianismo era como un vaso de agua que debía ser ofrecida a los indios de tal forma que no fuera rechazado. Sin embargo, no tenía la menor idea de cómo un chico de quince años podía hacer que eso sucediera. Entonces oró y esperó.

Durante las dos semanas siguientes Sundar pasó largas jornadas reflexionando con la mirada extasiada en los arreboles[3] rojizos y dorados que se formaban al atardecer sobre las cumbres nevadas de las montañas del Himalaya. Y a medida que más observaba aquellas enormes montañas, más atracción y curiosidad sentía por la misteriosa tierra del Tibet que se encontraba del otro lado. Aunque Sundar no

2 Brahmán: Miembro de la primera de las cuatro castas tradicionales de la India.

3 Arrebol (es): Color rojo, especialmente el de las nubes iluminadas por los rayos del sol o el del rostro.

sabía mucho sobre el Tibet, sentía que, de alguna manera, su destino se hallaba sobre esas montañas.

El día que cumplió dieciséis años, legalmente quedaba libre de la tutoría de su padre, Sundar buscó al pastor de una iglesia de Inglaterra que había en el pueblo de Simla y le pidió que lo bautizara. Durante la entrevista, el pastor lo vio tan seguro de su decisión, que accedió a bautizarlo enseguida. El texto bíblico elegido para el servicio bautismal fue el salmo 23 «El Señor es mi pastor, nada me faltará...». Ya no había vuelta atrás, pues tanto para los sihks como para los hindúes, el bautismo era el punto de inflexión definitivo del que no se podía regresar.

Después de su bautismo, el jovén se fue a un bosque de pinos cercano, pues necesitaba pensar y estar a solas con Dios. Solo decidió salir de aquel bosque un mes más tarde cuando creyó estar completamente seguro de dónde se hallaba su futuro. Sundar planeaba convertirse en un Sadhu, es decir, un hombre santo, como el que había visitado tantas veces con su madre cuando era pequeño. Los indios respetaban a los Sadhus y escuchaban atentamente todo lo que ellos decían. Sin embargo, no sería un Shadu hindú como los que él conocía, sino uno que les contara a los indios la historia de Jesús y los animara a buscarlo como el único portador de la verdad.

Ciertamente era una idea audaz. No solo porque no conocía a ningún Sadhu cristiano, sino además porque ningún misionero inglés quiso apoyar su idea, debido a que el concepto les parecía extraño e irrelevante. Aun así, Sundar estaba seguro de que esto era lo que Dios quería para él, y por eso se compró una túnica de algodón color azafrán y un turbante, marcas distintivas de un hombre santo.

Fue así como el 6 de octubre de 1905, Sundar, con apenas dieciséis años, y quien ahora se presentaba como Sadhu Sundar Singh, estaba listo para emprender un viaje a pie por las planicies del norte de la India. Aunque no tenía zapatos, ni dinero ni muchos amigos, estaba dispuesto a nunca mendigar.

Antes de comenzar su viaje se dijo así mismo estas palabras: «No soy digno de seguir los pasos de mi Señor. Pero, como él, no deseo una casa ni posesiones; como él, mi hogar estará en los caminos identificándome con el sufrimiento de los demás, comiendo con quienes me den alojamiento y hablándole a hombres y mujeres acerca del amor de Dios. El Señor es mi pastor, y aceptaré todo lo que provenga de su mano».

Dicho esto, Sundar emprendió su viaje hacia Simla, deteniéndose en cada aldea por la que pasaba para impartir el evangelio. La gente al ver que llevaba una túnica y el turbante típico de un hombre santo, lo recibían y alojaban. Sin embargo, cuando se enteraban de que él era un Sadhu cristiano y no uno hindú, era duramente rechazado por la mayoría de la gente. Como resultado de eso, pasó muchas frías noches sin comida bajo las estrellas. A pesar de las duras circunstancias, Sundar no se desanimaba y a la mañana siguiente, luego de haber dormido a la intemperie[4], se levantaba en busca de otro pueblo donde pudiera predicar el evangelio.

En una ocasión mientras pasaba por una aldea, Sundar se pasó todo el día sentado en la plaza hablando de Jesús con la gente. Y aunque como era de esperarse, muchos rechazaron tajantemente su mensaje, otros se mostraron interesados en su predicación. Sin embargo, al caer la noche, todos partieron a sus casas y lo dejaron solo. Completamente fatigado, caminó hacia las afueras del poblado y se sentó debajo de un árbol a descansar. Fue entonces cuando cayó en la cuenta de lo hambriento que estaba. No había probado bocado desde el día anterior cuando alguien le había ofrecido un poco de arroz, y su cuerpo empezaba a debilitarse. Mientras estaba sentado bajo el árbol, Sundar supuso que en ese instante los habitantes del pueblo estarían en sus casas cenando una buena ración de arroz, verduras y frutas, y deseó estar sentado en alguna de esas casas comiendo. Pensó en lo deliciosa que debía ser la comida y en lo bien que se sentiría su cuerpo con un poco de alimento en el estómago.

Cuando sus pensamientos comenzaban a divagar más de la cuenta en comida se obligó a sí mismo a no pensar más en eso. «No debo alimentar pensamientos vanos», se dijo. Él había decidido seguir a Dios y confiar en que él proveería todo lo que necesitara. Y si él no le había provisto alimento ese día, sus razones tendría. Aunque tuviera que acostarse con hambre, no renegaría ni se quejaría. En lugar de eso, comenzó a cantar y

4 Intemperie: A cielo descubierto, sin techo ni otro reparo alguno.

alabar a Dios. Y a medida que lo hacía, una ola de gozo comenzó a inundarlo de pies a cabeza.

Llevaba casi dos horas cantando y adorando, cuando de la nada aparecieron dos hombres y se le acercaron para observarlo con curiosidad.

—No está ebrio; está feliz —dijo uno de los hombres al otro con extrañeza.

Al notar la presencia de aquellos hombres, Sundar pensó que a lo mejor esa sería una buena oportunidad para hablarles del evangelio. Entonces comenzó explicarles que cantaba de gozo porque confiaba en Dios. Después de escucharlo con atención, uno de los hombres le dijo:

—Por favor, discúlpanos por no ofrecerte algo de comer. Pero si nos esperas, iremos a casa y te traeremos algo de cenar.

Rato después los hombres volvieron con una cesta repleta de comida para Sundar. Agradecido por tan noble gesto de generosidad, Sundar recibió la canasta y devoró la comida hasta saciarse.

Después de un largo periplo[5] por las aldeas de la llanura de Punjab, Sundar finalmente llegó a una aldea ubicada en las proximidades de Rampur. Tras una breve parada allí, retomó su camino hacia su ciudad natal. Aunque esperaba que la gente lo recibiera de mala manera, se sorprendió gratamente al ver que las personas le daban la bienvenida sin insultarlo ni lanzarle frutas podridas como lo habían hecho en el pasado. Algunos, incluso, parecían tan genuinamente interesados en escuchar acerca de Jesucristo, que lo invitaron a sus casas y negocios para escucharlo predicar.

5 Periplo: Viaje o recorrido, por lo común con regreso al punto de partida.

Este inesperado recibimiento animó a Sundar a enviarle un recado a su padre donde le preguntaba si podía ir a visitarlo. Su padre no tardó en contestarle: «No deseo verte; en lo que a mí respecta, tú estás muerto».

A pesar de lo perentorio[6] del mensaje, Sundar sintió que debía volver a intentarlo, y al día siguiente le envió un nuevo mensaje a su padre. Ante la insistencia de su hijo, Sher Singh le respondió que lo invitaba a cenar esa misma tarde. Con enorme emoción, Sundar esperó ansioso la hora de la cena para rencontrarse con su padre y sus hermanos. Pronto, sin embargo, comprendió que su visita no era bien recibida y que, a duras penas, su padre y sus hermanos toleraban su visita. El rechazo de su familia se hizo mucho más evidente cuando llegó la hora de la cena y su padre, en vez de invitarlo a sentarse junto a ellos, le ordenó que se sentara en un rincón aparte, aduciendo que no quería que la comida se contaminara con su presencia.

Para Sundar esto fue un duro golpe. Aunque había llegado a casa de su padre con la esperanza de dejar de lado las diferencias, la actitud de su familia le hizo saber que tal cosa no sucedería.

Después de que la familia se sirvió los alimentos, le sirvieron a Sundar un plato de comida, el cual comenzó a comer en silencio sentado en posición de loto[7] en el rincón más alejado del salón.

Mientras comía, Sher Singh se levantó, tomó una jarra con agua, se acercó a su hijo y, tras sostener

6 Perentorio: Concluyente o definitivo.

7 Posición de loto: Postura de meditación sentada con las piernas cruzadas, cada pie ubicado encima del muslo opuesto. En el hinduismo y el budismo está relacionada con la práctica de la meditación.

la jarra en alto por un instante, comenzó a vaciar el agua sobre las manos de su hijo. Por más que Sundar trató de disimular la impresión, no pudo lograrlo y un par de lágrimas brotaron de sus ojos. Él sabía que lo su padre acababa de hacer era considerado el peor de los insultos, pues esta era la manera en que los hindúes de la casta alta le servían a los que consideraban un dalit o intocable[8]. En consecuencia, lo que Sher Singh le estaba indicando es que lo consideraba lo más bajo de lo bajo.

Sundar se recriminó en silencio por creer ingenuamente que podía dejar sus diferencias familiares atrás y empezar de cero. Ahora sabía que eso jamás sucedería, ya que para su padre y sus hermanos él estaba prácticamente muerto. En ese instante Sundar deseó estar en cualquier lugar y no en aquel salón. Para su alivio, la cena pronto terminó y Sundar pudo ponerse en pie y se dispuso a marcharse.

Cuando salía de la casa, se detuvo en la puerta y se dirigió a su padre:

—No importa que me hayas abandonado. Ahora mi vida le pertenece a Jesucristo y sé que él nunca me dejará. Antes de convertirme en cristiano, deshonré a Jesús y, aun así, él jamás me abandonó. Por eso yo tampoco lo abandonaré a él ni te abordonaré a ti, así como tú lo has hecho conmigo. Gracias por todo el amor que me diste antes y por permitirme pasar este rato en tu casa. Adiós padre.

8 Dalit o intocable: En la India, persona considerada impura, perteneciente a la más baja categoría social y cuyo contacto procuran evitar las demás castas.

Dicho esto, dio media vuelta y se dirigió a las afueras de la ciudad donde pasó la noche a la intemperie, apenas arropado con su fina manta.

Al día siguiente, Sundar partió de la ciudad con dirección a Doliwala preguntándose si alguna vez regresaría a Rampur. Llegó a la ciudad al atardecer en medio de un aguacero torrencial. A pesar de la lluvia, cuando la gente lo vio caminar por la calle principal, comenzó a rodearlo deseosa de escuchar el mensaje de un hombre santo. Sin embargo, al darse cuenta de que él era un Sadhu cristiano, su curiosidad se transformó en enojo y lo expulsaron del pueblo a pedradas.

Para ese momento ya se había hecho de noche y Sundar estaba empapado hasta los huesos. Caminó sin rumbo fijo hasta que vio una pequeña choza abandonada al lado del camino. Al notar que la casucha no tenía puertas corrió hacia ella feliz de poder contar con un lugar donde descansar luego de un largo día de caminata. Una vez dentro de la choza, buscó una esquina, tendió su manta en el piso y se acostó a dormir.

Despertó cuando los primeros rayos del sol empezaban a filtrarse por las rendijas de las paredes de barro. Cuando se desperezaba, una extraña presencia captó su atención. ¿Qué era eso? ¿Una sombra o algo más? Sundar aguzó[9] la vista a través de la penumbra para ver de qué se trataba. Entonces descubrió que aquello grueso y alargado que yacía enroscado a su lado, no era una sombra, sino una peligrosa cobra negra. Sundar

9 Aguzo: Despabilar, afinar, forzar el entendimiento o un sentido, para que preste más atención o se haga más perspicaz. Aguzar la vista, el oído.

terminó de despertarse del susto. Con el aliento contenido, para no despertar a la mortal víbora, se deslizó lentamente sobre la manta hasta lograr ponerse en pie y caminar hacia la puerta.

Cuando intentó marcharse, pensó en las frías noches que le esperaban. Sin su manta, lo más probable es que muriera congelado. Sin embargo, si se devolvía por ella, lo más probable es que despertara a la serpiente y él terminara muerto a causa de su venenosa picadura.

Luego de una corta oración, Sundar decidió que no podía marcharse sin su manta y determinó recuperarla. Entonces con extremado sigilo caminó hacia el interior de la choza, tomó la manta por una punta y empezó a jalarla cuidadosamente y sin perder de vista a la serpiente. Para su tranquilidad, la víbora no se movió. Cuando tuvo la manta entre sus manos, corrió hacia la puerta lo más rápido de pudo. Una vez se halló afuera de la choza, se arrodilló y agradeció a Dios por mantenerlo a salvo de la cobra.

No mucho después de su peligrosa experiencia con la serpiente, un nuevo peligro surgió inesperadamente sobre el intrépido Shadu viajero. Una tarde luego de haber pasado el día predicando sin éxito en el mercado de una aldea musulmana, se disponía a buscar un lugar donde pasar la noche, cuando, notó que alguien se le acercaba con cautela.

—Debes marcharte de aquí de inmediato —susurró el hombre—. La gente del pueblo piensa que eres un espía y está planeando asesinarte.

Sundar agradeció la información con un gesto de amabilidad. Luego tomó su manta y emprendió la huida. Mientras abandonaba la aldea, comprendió que no tenía a dónde escapar, excepto las estériles llanuras que tenía en frente, las cuales estaban infestadas de fieras salvaje y animales peligrosos.

Capítulo 6

La vida de un Sadhu viajero

Sundar encontró un refugio seguro en una grieta rocosa donde se dispuso a pasar la noche. Sin embargo, no pudo dormir mucho. La mayor parte de la noche la pasó entretenido con el aullido de los chacales, el rugido de los tigres y espantando un enjambre de moscas que zumbaban a su alrededor.

A medida que la temperatura descendía y su cuerpo tiritaba de un frío cada vez más insoportable, Sundar comenzó a temer la posibilidad de morir de hipotermia[1]. Aun así, agradecía que ningún animal lo atacara en la oscuridad. Cuando finalmente los rayos del sol anunciaron la llegada del amanecer, se dispuso a buscar unos trozos de ramas secas para encender una fogata y calentarse.

1 Hipotermia: Descenso de la temperatura del cuerpo por debajo de lo normal.

Sundar permanecía sentado junto a la improvisada hoguera mientras oraba a Dios para que le mostrara adónde ir, cuando, de repente, escuchó un tropel de pasos acercándose. Al levantar la mirada vio a un grupo de hombres con palos en las manos que lo observaba a la distancia. Entonces reconoció entre el grupo al musulmán que la tarde anterior lo había expulsado del pueblo a punta de piedra.

Sundar se puso en pie y esperó con un gesto de resignación a que los hombres le dieran una paliza. Sin embargo, se sorprendió al ver que esto no ocurrió y que, en cambio, el que parecía el líder del grupo caía de rodillas ante él.

—Perdónanos, por favor, por pecar contra ti —dijo el hombre—. Ahora sabemos que eres un hombre santo. Hoy temprano decidimos reunirnos al atardecer para venir al monte y asegurarnos de que las fieras salvajes te hubieran devorado durante la noche. Para sorpresa nuestra, no solo sigues con vida, sino que nos recibes en son de paz. Es evidente que cuentas con el favor de Dios. Así que regresa con nosotros al pueblo y te daremos alojamiento y comida. Cuando hayas descansado, escucharemos todo lo que quieras decirnos.

A Sundar le tomó un instante largo aceptar tan inusual propuesta. Le parecía increíble que los mismos hombres que habían venido a asegurarse de su muerte ahora quisieran honrarlo.

—Definitivamente solo Dios puede transformar los corazones. Así que acepto regresar con ellos y hablarles de las Buenas Nuevas de la vida eterna.

Acompañó a los hombres hasta la aldea, tal como le prometieron, le brindaron alojamiento y comida. Sundar, les predicó el evangelio, no solo a ellos, sino a toda la aldea. Y debido a la acogida que tuvo, decidió permanecer allí el resto de la semana.

Cuando llegó el día de marcharse los hombres del pueblo le pidieron que regresara pronto para que les siguiera narrando más historias acerca de Jesús. Tras prometerles que volvería, tomó su inseparable manta y partió con dirección al oeste en busca de otra aldea donde predicar el evangelio.

Sundar había caminado dos kilómetros, cuando se cruzó con un Shadu hindú que se había despojado de su característica túnica color azafrán y yacía tendido en un lecho de clavos a orillas del camino.

Conmovido por la escena, se le acercó y le preguntó:

—¿Con qué finalidad te hieres y te torturas de esa forma?

—Veo que tú también eres un Shadu —dijo el Shadu hindú—. ¿Aun así no sabes por qué lo hago?... es mi penitencia[2]. Al acostarme en esta cama de clavos destruyo la carne y sus deseos. Esta es mi forma de servir a Dios, aun cuando sigo siendo consciente de mis pecados y malvado corazón. De hecho, el peso de mi maldad es mucho más doloroso que estos clavos. Mi objetivo es destruir por completo mis deseos y liberarme de mí mismo

2 Penitencia: Cualquier acto de sufrimiento interior o exterior. El objetivo es matar todo deseo, y así encontrar mi propia liberación y volverme uno con Dios.

y, de esa forma, ser uno con Dios —respondió el Sadhu.

—¿Cuánto tiempo llevas en esta búsqueda? —preguntó Sundar.

El Sadhu penitente miró a Sundar con tristeza.

—Ese es el problema. He ejercido esta disciplina durante dieciocho meses y todavía no logro mi objetivo. De hecho, es imposible alcanzar una total liberación en tan poco tiempo; sé que me llevará muchos años, quizás muchas vidas, antes de que pueda librarme completamente de mi naturaleza pecaminosa.

Sundar permaneció mirando fijamente al Shadu, mientras meditaba en las vanas promesas que ofrecía el hinduismo: «Qué cruel es creer que debamos torturarnos a través de muchas vidas para encontrar la paz verdadera. Si no alcanzamos nuestro objetivo en esta vida, ¿por qué deberíamos pensar que recibiremos otra oportunidad en otra vida o en miles de vidas más?».

—Hermano —dijo Sundar—. Considera la idea de que ni tú ni yo lograremos la paz a través de nuestros propios esfuerzos. Personalmente he aprendido que la paz es un regalo de Dios, y no una recompensa al abnegado sacrificio como el que estás haciendo ahora mismo. Busca la vida en Dios y no la muerte de la carne.

Un poco más adelante, Sundar se encontró con otro Shadu pagando una penitencia similar. El hombre había atado sus pies con un lazo a un gajo de un árbol y permanecía con la cabeza colgando hacia el piso mientras meditaba. Al ver al Shadu, Sundar se sentó bajo la sombra del árbol y esperó a que este terminara su ejercicio penitencial.

—¿Por qué haces eso? —le preguntó Sundar cuando el Sadhu penitente terminó de bajar del árbol—. ¿Cuál es el propósito al torturarte de semejante manera?

—La gente se sorprende al verme colgando de cabeza —respondió el Shadu—. Sin embargo, esta penitencia es mi manera de servir a Dios. Al colgarme bocabajo de la rama de un árbol me recuerdo a mí mismo y a los demás que todos estamos atados al pecado y que llevamos vidas al revés ante los ojos de Dios. Así que mi propósito al colgarme de este árbol es lograr ser recto delante de Dios.

Una vez más Sundar se halló a sí mismo lidiando con la banal idea hinduista de pagar penitencias.

—No cabe duda de que este mundo está de cabezas y que comete pecado —reconoció Sundar—. Sin embargo, permíteme preguntarte lo siguiente: ¿Podemos acaso enderezar nuestras torcidas vidas por nuestros propios medios? ¿No deberíamos más bien volvernos a Dios y dejar que sea él quien corrija lo que está mal y nos libre de nuestros pecados y deseos pecaminosos? —preguntó Sundar.

El Sadhu hindú se sentó en el piso y meditó en silencio por un buen rato.

—Has hablado con mucha sabiduría —dijo—. Meditaré más a fondo en tus palabras.

Mientras avanzaba en su itinerante viaje hacia el oeste, Sundar oraba fervientemente por los dos

Shadus que se había topado en el camino. Lo entristecía saber que desearan de corazón encontrar la verdadera paz y que ignoraran que el único medio para encontrarla era poniendo la fe en Dios y no torturándose a sí mismos.

Sundar continuó su viaje hacia el oeste hasta llegar al paso fronterizo entre Khyber y Afganistán. Tras una breve parada allí, continuó su travesía por Afganistán hasta llegar finalmente a Jalaalabad, donde permaneció varias semanas predicando en las calles. Pero como se hallaba en una región donde la gente hablaba pashtu, dialecto que él no entendía ni hablaba, decidió no viajar más lejos, sino retomar su camino de regreso a India.

Era agosto de 1906, y Sundar se encontraba en el pueblo de Jammu en Cachemira, ciento sesenta kilómetros al norte de Lahore, cuando una tarde vio a otro Sadhu vestido con el habitual atuendo naranja. Para su sorpresa, no se trataba de un Shadu hindú, sino de un europeo llamado Samuel Stokes. Tras intercambiar saludos, Samuel le explicó a Sundar que había venido desde los Estados Unidos a predicar el evangelio a los indios de las aldeas y poblados más remotos del norte del país.

Sundar se sintió tan intrigado por encontrar a un extranjero con su mismo llamado, que decidió viajar junto a él los meses de otoño e invierno. Sin embargo, la primera noche juntos resultó ser todo un desafío, ya que nadie en Jammu quiso ofrecerles comida ni alojamiento. Mientras deambulaban sin saber a dónde ir, un granjero local finalmente se compadeció de ellos y les permitió pasar la noche en su establo. A pesar del asco que sintió al entrar y ver las condiciones de aquel apestoso lugar, Sundar le agradeció a Dios por proveerles un lugar donde descansar sus cabezas. Rato después, el granjero les trajo unas rebanadas de pan rancio, y ellos nuevamente agradecieron a Dios por tener algo qué comer. Debido a que el lugar estaba infestado de ratas e insectos, Sundar y Samuel pasaron la mayor parte de la noche conversando y orando.

Mientras hablaban, Sundar le hizo caer en cuenta a Samuel que se hallaban albergados en un establo parecido al lugar donde Jesús había nacido. Después de celebrar aquella maravillosa coincidencia, Samuel empezó a hablarle a Sundar acerca de otro gran personaje nacido en el siglo XII, llamado Francisco de Asís, y quien había dedicado su vida a recorrer Italia predicando y haciendo el bien a cuanto necesitado se cruzara en su camino.

—Francisco nació en una familia adinerada, pues su padre era un exitoso comerciante —dijo Samuel—. Se sabe que, de joven, su único objetivo en la vida era divertirse. No por nada se había ganado la fama de ofrecer las fiestas más fastuosas de la ciudad y de ser un ingenioso contador de historias. Sin embargo, antes de cumplir veinte años, cayó gravemente enfermo. Un día mientras meditaba en lo que sucedería si moría, llegó a la conclusión de que si esto ocurría, no merecía ir al cielo.

—¿Qué hizo entonces? —preguntó Sundar apartando una araña de su brazo.

—Renunció al dinero de su padre e hizo un voto de pobreza. Posteriormente comenzó a ir de pueblo en pueblo predicando, ayudando a los necesitados y trabajando con los leprosos. Con el tiempo otros hombres y mujeres adinerados lo siguieron. Esto llevó a la creación de lo que hoy se conoce como la Orden de San Francisco.

—¡Qué maravilloso! —dijo Sundar—. O sea que yo solo estoy siguiendo las huellas que otros nos dejaron. Aunque siempre tuve la corazonada de que Dios había llamado a otros anteriormente a hacer lo mismo que yo, no estaba del todo seguro. Sin embargo, ahora me lo estás confirmando. Por favor, necesito que me cuentes más sobre Francisco de Asís. Deseo saber cómo logró ese perfecto equilibrio entre servir a los leprosos y pasar tiempos a solas con Dios.

Samuel asintió.

—Te contaré todo lo que sé sobre él durante nuestro viaje. Aunque yo sea cuáquero[3] y él haya sido católico, Francisco de Asis fue mi inspiración para venir a India. Como él, yo también renuncié a mi herencia para buscar hacer solo la voluntad de Dios.

Sundar pasó esa noche meditando en todo lo que Samuel le había contado sobre Francisco de Asís. Aunque se acercaba un duro invierno y la respuesta al evangelio no había sido positiva en muchas de las aldeas que había visitado, pensar en este increíble hombre de Dios lo inspiraba a seguir adelante con su incierto viaje.

3 Cuáqueros: Comunidad religiosa también llamada Sociedad Religiosa Para los Amigos. No tienen un credo oficial. Guiados por una luz o voz interior en su búsqueda de la verdad.

A la mañana siguiente, los dos hombres dejaron Jammu y se dirigieron hacia el Valle de Kangra. A pesar de que con el correr de los días el invierno se volvía más crudo e insoportable, ambos Shadus continuaron su viaje por el sur del Himalaya, viajando a menudo durante la noche, descansando en las mañanas y predicando por las tardes. Samuel llevaba consigo una *linterna mágica* que le permitía proyectar imágenes en una pantalla o en una pared. Cuando decidía utilizarla, las multitudes corrían a reunirse en torno a ellos para observar las imágenes de antiguos sitios cristianos en Palestina y se maravillaban con lo que veían.

Fue un invierno largo e intensamente frío; tanto que, al llegar la primavera, los dos hombres estaban completamente exhaustos. Un día mientras caminaban por un lugar apartado, Sundar colapsó repentinamente y cayó desmayado junto al camino. Su cuerpo estaba devastado a causa del dolor y tenía una fiebre altísima. Debido a que se hallaban a varios kilómetros de distancia de la aldea más cercana, Samuel tuvo que dejarlo recostado junto a un árbol mientras iba en busca de ayuda. Tras recorrer alrededor de tres kilómetros llegó a la casa de un agricultor inglés quien amablemente aceptó recibirlos en su casa y socorrerlos. Samuel regresó por Sundar y lo ayudó a llegar hasta la casa del agricultor donde lo esperaba una cómoda cama de descanso.

Sadhu Singh estaba tan débil físicamente, que su reocupación fue lenta. Por fortuna, el anfitrión les permitió quedarse en su casa hasta que el enfermo se sintiera mejor. Por las tardes se sentaban bajo el sol del jardín y charlaban con el agricultor. En un principio este no parecía mostrar mucho interés en los asuntos religiosos. Sin embargo, a medida que pasaba las tardes en compañía de los dos Shadus cristianos su interés fue creciendo, hasta comenzar hacer preguntas acerca del cristianismo. Antes de que Sundar estuviera completamente sano, el hombre ya se había convertido en un creyente.

Cuando Sundar se recuperó completamente, Samuel y él agradecieron al amable agricultor por la hospitalidad y continuaron felices su camino. En cuanto a Sundar, sentía que su enfermedad había valido la pena ya que, a causa de ella, había un nuevo cristiano.

Los dos hombres continuaron su travesía hasta llegar a Sabathu, donde planearon permanecer un mes ayudando en el hospital para leprosos. A pesar de que Sundar todavía se sentía un poco débil, al presentarse en el leprosorio, se ofrecieron como voluntarios. Allí se les asignó la tarea de cambiar vendas, bañar a los leprosos y otras labores de limpieza. Aunque no era un trabajo fácil, ya que podían contraer la enfermedad, ambos realizaron su trabajo con dedicación y alegría de corazón.

Al final del mes de voluntariado en el hospital, Samuel decidió regresar a Estados Unidos a reclutar más hombres cristianos que quisieran venir a India y convertirse en Sadhu. Sundar, por su parte, decidió emprender un corto viaje por algunas aldeas cercanas a Sabathu para predicar el evangelio.

Un día, cuando Sundar partía del pueblo de Narkanda, a casi tres mil metros de altura, notó en la parte inferior del poblado a un grupo de agricultores reunidos en un campo de cebada. Entusiasmado de poder hablarles del evangelio, bajó de la escarpada montaña por un angosto camino hasta el campo donde estaban los agricultores y los saludó efusivamente. Ninguno de ellos, sin embargo, parecía contento con su presencia, sobre todo, después de saber que él era un Sadhu cristiano.

—No tenemos tiempo para ti —dijo uno de los hombres—. ¿No ves que estamos ocupados? Déjanos en paz. No necesitamos a tu Dios, sino recoger nuestra cosecha.

Sundar permaneció en silenció pensando en qué responder, cuando sintió que una piedra golpeaba su cabeza. Al parecer, uno de los labriegos se la había lanzado con saña[4]. Aunque un hilillo de sangre tibia comenzó a rodar por su mejilla derecha, Sundar no sentía ningún dolor. Al ver lo que acababa de suceder, el grupo de labriegos se llenó de horror. Todos sabían que herir a un hombre santo traía mala suerte, así este fuera cristiano.

Por la expresión de sus rostros, Sundar supo que los campesinos esperaban que él los maldijera. Pero él en vez de hacer tal cosa, se llevó la mano a la frente y presionó la herida para detener el sangrado, mientras le pedía a Dios en silencio que perdonara al hombre que lo había herido.

4 Saña: Furor, enojo ciego.

Al cabo de un rato, se dirigió a un pozo de agua cercano a lavarse la herida, mientras una multitud de labriegos permanecía atenta a cada uno de sus movimientos. Cuando se sintieron tranquilos de que no habría repercusiones por apedrear a un hombre santo, regresaron a sus faenas. Sundar, entre tanto, se sentó junto al pozo de agua a esperar que el sangrado de la herida se detuviera.

Cerca de una hora más tarde, uno de los labriegos se acercó al pozo de agua aquejado por un fuerte dolor de cabeza:

—¡Ay mi cabeza! —jadeó el labriego—. Nunca había sentido un dolor de cabeza tan fuerte.

—¿Cuál es tu nombre? —preguntó Sundar.

—Nandi —respondió el hombre.

Sundar estaba seguro de que los demás agricultores quizás pensarían que él le había lanzado una maldición en represalia por arrojarle una piedra. Así que corrió hasta el cultivo de cebada y tomó la hoz de Nandi. Acto seguido, empezó a cortar las espigas de cebada. Para sorpresa de los demás labriegos, Sundar pronto alcanzó el ritmo de los otros segadores, y trabajó a la par de ellos hasta el atardecer.

Esa noche, Sundar fue invitado a la casa de Nandi, donde todos los agricultores de aquel campo se reunieron para escucharlo hablar acerca de Jesús. Nandi insistió en que Sundar pasara la noche en su casa, y a la mañana siguiente le rogó que volviera cada vez que pasara por la región.

En muchos de los pueblos por los que pasó en la región de Narkanda —donde se levantaban las imponentes montañas del Himalaya—, Sundar se encontró con caravanas de comerciantes tibetanos que se abrían camino entre las ariscas montañas cargando sus mercancías al lomo de sus yaks de abundante pelaje. Y a medida que más se adentraba en aquellos inhóspitos territorios, más intrigado y atraído se sentía por los distintivos rasgos asiáticos de los pobladores y, sobre todo, en su peculiar rueda de oración tibetana[5]. Al parecer la desconocida tierra que se alzaba más allá del Himalaya seguía llamándolo con todo tipo de potentes señales.

5 Rueda de oración tibetana: Cilindros budistas según la tradición tibetana basada en textos de linaje respecto a las ruedas de plegaria, el hacer girar dicha rueda tiene el mismo efecto meritorio que recitar las plegarias.

Capítulo 7

Al otro lado de las montañas

A comienzos del verano de 1908, Sundar Singh, ahora de dieciocho años, no pudo resistir más el intenso llamado que sentía en su corazón, y emprendió rumbo hacia el Tíbet. Para llegar hasta allá, siguió el sendero indostaní-tibetano que bordeaba la ribera del río Sutlej. Aunque la escalada era lenta, Sundar se tomaba su tiempo para detenerse a lo largo del camino y conversar con quien se encontrara a su paso.

Mientras avanzaba, se encontró con otro Sadhu que yacía sentado entre cuatro fogatas, a pesar de un sol canicular[1] que quemaba las espaldas.

—Sadhu, tienes una expresión de angustia en el rostro. ¿Por qué estas sentado entre tantas

1 Canícula: Período del año en que es más fuerte el calor. Tiempo en que Sirio, la estrella más brillante de la constelación del Can, aparece junto con el Sol y que antiguamente coincidía con la época más calurosa del año en el hemisferio norte.

hogueras en un día tan caluroso como este? —preguntó Sundar.

—Estoy disciplinando mi cuerpo. Durante el verano lo someto a olas de intenso calor y en el invierno lo sumerjo durante horas en el helado río —respondió el Sadhu.

—¿Y qué has logrado con tan dura preparación? —preguntó Sundar respetuosamente.

—Nada —respondió en Sadhu—. No espero ganar o aprender algo en esta vida; y sobre el futuro tampoco tengo expectativa alguna.

El jovén aprovechó la oportunidad para contarle al Sadhu que el Dios de la Biblia le ofrecía una vida de libertad del pecado por medio de la fe, y no a través de actos tortuosos como sentarse ante a una fogata ardiente en un caluroso día. El Sadhu prometió meditar en lo que Sundar le había dicho y leer el tratado que le dejo.

El camino terminaba en un pueblo llamado Rampur; pero no el pueblo donde Sundar había crecido, sino otro de mismo nombre. Este Rampur era el cruce fronterizo entre la India y el Tíbet y era un pueblo tan peculiar que su arquitectura era una mezcla de columnatas indias y los curvos tejados de las casas tibetanas. Los comerciantes tibetanos y sus yaks con carga eran una imagen muy común en Rampur, ya que los habitantes de las altas montaña del Himalaya descendían hasta allí para vender sus cargamentos de sal, mantequilla de yak y mantas hechas con lana de estos animales. Con el dinero que reunían, compraban granos, frutas y verduras antes de regresar al Tíbet.

A partir de Rampur el camino de ascenso se convertía en un complicado camino de herradura que llegaba hasta las gélidas[2] cumbres del Himalaya.

Sundar, descalzo como de costumbre y ataviado solo con su humilde túnica e inseparable manto cubriendo su dorso, retomó su ascenso por un desfiladero rocoso cubierto de nieve. A veces su escarpada travesía lo llevó a traspasar los seis mil metros de altura. Sin embargo, a medida que ganaba más altura, el aire se hacía menos denso y la respiración más difícil. Aun así, no se detuvo en ningún momento. Por alguna razón, sentía que su destino estaba más allá de las montañas, y que por nada del mundo volvería atrás. Su determinación fue premiada cuando logró coronar la cumbre de la montaña y empezó el anhelado descenso por el costado opuesto de la montaña. Ahora Sundar se encontraba en un lugar que en nada se parecía a cualquier otro sitio que hubiera visitado antes.

Durante su descenso de las montañas, se vio obligado a vadear innumerables ríos de aguas congeladas y a transitar por lugares en los que no había ningún tipo de construcción. Pero a medida que se alejaba de la cima de la montaña, comenzó a notar hileras de casas de barro pegadas a las rocas, suspendidas increíblemente en los empinados barrancos sobre las borrascosas corrientes de los ríos. Sundar se maravilló al ver un número multicolor de banderas con plegarias[3] atadas a rústicos mástiles

2 Gelidas: de gélido. Muy frío.
3 Banderas con plegarias: trozo de tela rectangular de colores. Por lo general son una herramienta espiritual con las cuales se envían oraciones, bendiciones y mantras.

sobre los tejados de las casas flameando al compás de la brisa. Su corazón comenzó a palpitar de alegría, cuando vio al primer grupo de tibetanos interactuando alrededor de sus yaks de carga, y notó que en nada se parecían a la gente de la india, ya que sus caras eran anchas, aplanadas y oscuras.

Pronto entendió que el color marrón de su piel se debía a una capa de mugre que los cubría y no a una condición natural de su fisionomía. Al parecer los tibetanos tenían una mala relación con el agua y solo la utilizaban para preparar los alimentos y el té. A propósito, de esta típica bebida tibetana, a Sundar le pareció que sabía terriblemente mal la primera vez que la probó, y su inapetencia por ella creció cuando supo que se preparaba con mantequilla rancia de yak, sal y agua caliente. A partir de entonces, cada vez que un tibetano le ofrecía una taza de té, él tenía que pedirle a Dios que le diera fuerzas para poder beberla sin atragantarse.

Luego de una breve parada en el primer asentamiento tibetano, Sundar continuó su viaje hasta legar al poblado de Poo, donde había escuchado que vivían y trabajaban dos misioneros moravos[4]. No le costó mucho trabajo encontrar a los dos hombres, Kunick y Marx, quienes lo recibieron en su casa con los brazos abiertos. Durante las semanas que siguieron, Kunick y Marx le enseñaron a Sundar lo básico del idioma tibetano. Pero debido a que era un idioma complicado, Sundar aprendía poco y los misioneros tuvieron que buscarle un intérprete llamado Tarnyed Ali para que lo acompañara mientras viajaba por el Tíbet.

4 Moravos: Natural de Moravia, región de la República Checa.

Tras despedirse de los misioneros, Sundar y Tarnyed Ali dejaron la Misión Morava, que era el único lugar cristiano en el país, y partieron con rumbo desconocido. A medida que se adentraban en los pueblos remotos del Tíbet, ya nadie les ofrecía hospedaje ni comida, y Sundar y su intérprete tenían que pasar las gélidas noches durmiendo a la intemperie. Tales circunstancias antes que desalentarlos, hacía que oraran con más fervor y determinaran seguir adelante con su osado viaje.

En cierta ocasión mientras pasaban por la aldea de Kiwar, Sundar y Tarnyed Ali decidieron darse un baño en un arroyo cercano. No llevaban ni cinco minutos de haberse metido al cristalino arroyo cuando, fueron sorprendidos por un grupo de hombres que, con palos en mano, le gritaban a todo pulmón:

—¡Aléjense de nosotros! —los increpó uno de los hombres—. El lama[5] dice que ustedes no son hombres de Dios, ya que ningún hombre de Dios osaría darse un baño.

Entristecidos por la superstición de los lamas budistas y su enorme influencia sobre la gente, Sundar y Tarnyed Ali salieron del agua y se marcharon a otra aldea cercana, de donde también fueron expulsados, así como del siguiente poblado.

Cansados y desanimados, deambularon sin rumbo fijo, hasta que se toparon con una casucha deshabitada al pie de una colina. Debido a que la cabaña no tenía ventanas, su interior estaba a oscuras y olía a humo rancio. Al tocar una de las paredes, Sundar se dio cuenta que estaba tiznada

5 Lama: Sumo sacerdote tibetano.

de hollín y mugre. Tarnyed Ali, por su parte, se fijó que en la sala había una chimenea llena de boñiga[6] de yak lista para ser encendida. Entonces se dispuso a prenderle fuego.

El fuego acababa de ser encendido cuando Sundar escuchó un vago ruido exterior. Le tomó solo un instante reconocer el sonido: eran pasos acercándose. Quizás la casa no estaba abandonada después de todo.

Pronto apareció la figura de un hombre tibetano en el umbral de la puerta. No se sabía quién estaba más sorprendido; si Sundar y Tarnyed Ali de ver al hombre parado en la puerta o este de verlos a ellos cómodamente apostados al interior de la casa.

—Lo siento —dijo Sundar—. Pensamos que la casa estaba abandonada.

—De hecho lo está —dijo el hombre—. Solo me quedo aquí algunas noches cuando estoy de paso.

—En ese caso, ven y acompáñanos —dijo Sundar pensando que al fin tendría un tibetano cerca con quién compartir y hablarle de Jesús.

—Me llamo Norbu —dijo el hombre entrando a la cabaña y sentándose en el piso junto a Sundar y su intérprete.

Al ver el rostro de Norbu a contraluz, Sundar notó en su mirada una expresión de sorpresa.

—Veo que llevas puesta la típica túnica de un Sadhu —dijo finalmente.

—Soy Sadhu Sundar Singh —asintió Sundar con una sonrisa.

---

6 Boñiga: Excremento de algunos animales, especialmente del ganado vacuno y del caballar.

Los ojos de Norbu se iluminaron.

—¡Qué interesante! —exclamó Norbu—. No eres el primer Sadhu Singh que conozco en esta región.

Ahora fue la mirada de Sundar la que se llenó de intriga y curiosidad.

—¿Estás diciendo que otro Sadhu Singh ha estado por aquí? —preguntó Sundar para asegurarse de que había escuchado correctamente.

—Exactamente —respondió Norbu—. Y al igual que tú, tenía un nombre Sikh, pero no era un Sadhu sikh, sino un hombre santo cristiano.

Una ola de emoción recorrió el cuerpo de Sundar al escuchar que había otro Sadhu Singh que también era cristiano.

—Por favor, háblame más acerca de este hombre santo —pidió Sundar.

—Claro que sí —comenzó diciendo Norbu—. Su nombre era Kartar Singh y era el único hijo de un adinerado terrateniente. A pesar de ser un sikh rodeado de privilegios, Kartar vivía sin tener paz en su corazón. Entonces un día alguien le habló acerca del Dios de los cristianos, y él emocionado de encontrar finalmente lo que por tanto tiempo había deseado, se convirtió en cristiano. Aunque su padre le ordenó de todas las formas que abandonara su nueva fe, Kartar se negó, y su padre lo desterró de la familia. Solo y sin comida, Kartar comenzó a trabajar como obrero. Con el tiempo logró reunir suficiente dinero para comprar una túnica color azafrán y un turbante similar al que tú llevas puesto.

Tras reparar brevemente en la túnica y turbante, ya dañados, que llevaba Sundar, continuó:

—Como sentía que el Tíbet lo atraía profundamente, decidió emprender un viaje a través de las montañas. Fue así como un día apareció aquí entre nosotros. Pero la gente no lo trataba bien y se burlaba de él y lo perseguían. Sin embargo, este hombre tenía algo especial. Sin importar cuanto lo persiguieran, nunca se rendía; ignoraba el maltrato que recibía y continuaba al siguiente pueblo.

Sundar y Tarnyed Ali intercambiaron una mirada de complicidad.

—Finalmente, un día la paciencia del lama se acabó e hizo que arrestaran a Kartar por tratar de enseñar una religión extranjera —continuó Norbu—. Debido a que la religión budista prohíbe matar a cualquier ser humano, los tibetanos han encontrado maneras sádicas de cumplir con este mandamiento. Cuando Kartar fue declarado culpable, lo despojaron de su ropa, le cosieron la piel mojada de un yak alrededor del cuerpo y lo dejaron al sol. A medida que la piel de yak se secaba, comenzó a encogerse, aplastándolo lentamente. Como verán, sería la piel de yak lo que mataría a Kartar y no los budistas que permanecían atentos a su muerte. Por tres días Kartar oró y alabó a Dios, en medio de la multitud que se reunía para verlo sufrir y celebrar cuando escuchaban el sonido de alguno de sus huesos quebrarse por la presión de la piel de yak. Al cuarto día, consciente de que se acercaba su final, Kartar pidió que le soltaran la mano derecha para poder escribir su versículo favorito en la tapa de su libro sagrado. A medida que el día avanzaba, Kartar se fue debilitando. Entonces se dirigió a la multitud: «¿Se han reunido para presenciar la muerte de un cristiano? Pues vengan y miren de cerca, que la muerte ya está aquí. Oh Señor, en tus manos encomiendo mi espíritu, porque a ti te pertenece». Luego de decir esto, la vida de Kartar Singh expiró.

Norbu permaneció un instante en silencio con la mirada afija en la crepitante llama de la chimenea. Por su parte, Sundar y Tarnyed Ali suspiraron conmovidos por lo que acababan de escuchar.

—Pero aquí no acaba todo —dijo Norbu luego de unos minutos—. El asistente del lama, lleno de curiosidad por el libro sagrado de Kartar, lo recogió y se lo llevó a casa. Entonces lo hojeó atentamente, ansioso por encontrar en él lo que le había permitido a Kartar Singh enfrentar la muerte con tanta valentía. Posteriormente, el asistente les contó a otros lo que había leído. De esa forma, cada vez más personas querían saber sobre lo que estaba escrito en el libro, y con el tiempo, algunos se declararon cristianos.

—¿Y qué ocurrió con ellos? —preguntó Sundar.

—El lama estaba furioso, por supuesto —dijo Norbu—. Aunque se suponía que la muerte de Kartar Singh era una advertencia en contra del cristianismo, el efecto fue el contrario. El lama se enfureció aún más cuando supo que su asistente era quien estaba expandiendo esta nueva religión. Entonces hizo que lo arrestaran y golpearan brutalmente. Posteriormente arrojaron su cuerpo malherido a un montón de basura, donde lo abandonaron para que muriera. Pero esto no ocurrió. Movido por una fuerza inexplicable en su interior, logró arrastrarse hasta salir de la basura. Cuando se hubo sanado de sus heridas, se dirigió al pueblo donde lo habían golpeado. La gente estaba sorprendida de verlo y tuvieron temor. Se preguntaban qué le había dado tanta fuerza y salud a quien ellos daban por muerto. Como resultado de este incidente, se le ha permitido permanecer en el campo y predicar en los pueblos sin que los aldeanos o el lama lo molesten.

—¡Que maravillosa historia! —dijo Sundar—. ¿Sabes dónde está ese hombre ahora mismo? ¿Podríamos conocerlo?

—Está más cerca de lo que piensas, Sadhu —respondió Norbu. Luego de manera dramática añadió—: Yo soy ese hombre.

Mientras decía esto, sacó de su bolsillo un Nuevo Testamento viejo y gastado.

—Este fue el libro sagrado de Kartar Singh. Aquí está lo que escribió en la tapa antes de morir.

Sundar tomó el Nuevo Testamento y leyó las palabras en silencio. Mientras leía y meditaba en lo que allí estaba escrito, no pudo contener las lágrimas. Estaba conmovido por lo similar que era su historia con la de Kartar Singh. La historia de Kartar, sin duda, lo inspiraba a continuar predicando a los tibetanos, incluso si ello le costaba la vida.

Después de pasar la noche en la casa abandonada, orando con Norbu, Sundar y Tarnyed Ali continuaron su viaje. Sundar intentaba practicar el idioma tibetano lo más que podía, pues sabía que regresaría al país en el futuro cercano y deseaba poder hablar fluidamente con las personas sin la necesidad de un intérprete.

El verano pronto empezó a desvanecerse lentamente y el viento a tornarse más helado. En ese instante, Sundar supo que era hora de regresar a la aldea de Poo antes de que la nieve bloqueara el camino a lo largo de la montaña. Una vez estuvo de vuelta en casa de los misioneros moravos, les agradeció por su hospitalidad.

Luego de despedirse de Tarnyed Ali, su abnegado compañero de viaje durante todo el verano, Sundar dejó el Tíbet y atravesó de regreso el sendero indostaní-tibetano. Por el camino, escuchó de un hombre santo que había hecho un pacto de silencio y decidió que quería ir a la aldea donde vivía este hombre. Se impresionó al ver cómo este Sadhu buscaba genuinamente la verdad. Era tal el deseo de este hombre santo por encontrar la verdad, que no había pronunciado ni siquiera una sola palabra en seis años. Como Sundar quería hacerle muchas preguntas, y el hombre no podía hablar a causa de su pacto de silencio, le ofreció una pizarra y tiza para comunicarse.

Sundar tomó la tiza y escribió en la pizarra: «¿No nos dio Dios acaso una lengua para que pudiéramos hablar? ¿Por qué entonces no la usas para alabar y adorar al creador en lugar de permanecer en silencio?».

El Sadhu pensó durante un momento, luego borró la pregunta de Sundar y escribió en la pizarra: «Tienes razón. Coincido contigo en que Dios quiere nuestra adoración; pero por mi naturaleza pecaminosa no puedo esperar que salga algo bueno de mi boca. Es por eso que he permanecido en silencio durante seis largos años. Es mejor que permanezca en silencio hasta que reciba alguna bendición o mensaje para ayudar a otros».

Sundar empezó a hablarle al Shadu sobre Jesús y de cómo su muerte podía cambiar un perverso corazón por uno bueno. En respuesta el Sadhu escribió en la pizarra que esa idea era demasiado simple para ser cierta. Un poco desconcertado por lo dicho por el hombre santo, Sundar se alejó de allí sin decir nada más.

Poco tiempo después, arribó al pequeño campamento de Kotgarh, ubicado a casi ocho kilómetros al noreste de Simla. El campamento estaba localizado a dos mil metros de altura y, aunque no eran más que un par de casas circundadas por algunos campos de maíz, el lugar se hallaba en medio de un majestuoso bosque de pinos. Sundar decidió detenerse allí y descansar un par de días antes de continuar su viaje.

Durante su segundo día en Kotgarh, Sundar conoció a un hombre llamado Susil Rudra. Al saber que Susil también era cristiano, decidió pasar con él algunas horas conversando. Susil le contó que su padre también había sido cristiano. Pero como su linaje familiar era completamente hindú, su padre había decidido permanecer fiel a sus tradiciones, excepto en aquello que contradijera sus creencias cristianas. A pesar de que muchas personas, tanto hinduistas como cristianas, consideraban que esto era una idea difícil de aceptar, su padre había perseverado hasta el final. Ahora Susil seguía esa tradición. Luego le explicó a Sundar que él creía que la iglesia cristiana en India debía tener una identidad diferente, es decir, que debía conservar los rasgos propios de su cultura, en lugar de las costumbres extranjeras que tenían la mayoría de las iglesias locales. Sundar no podía estar más de acuerdo con Susil. Movidos por una mutua simpatía, Sunsar y Susil se comprometieron a seguir siendo fieles a la cultura india y ser cristianos al mismo tiempo.

Pronto Sundar también se enteró de que Susil era el director de la escuela Saint Stephens en Delhi, la cual se enfocaba en otorgar educación universitaria cristiana a jóvenes de la región de Punjab. Además, supo que Susil estaba de vacaciones en Kotgarh, escapando del intenso calor de Delhi. Con él, estaba Charles Andrews, un misionero británico que también era maestro en la escuela. Apenas Sundar conoció a Charles, sintió una fuerte simpatía por él, pues no era como otros misioneros que conocía. Al igual que Sundar y Susil, Charles también compartía la idea de que la iglesia cristiana india debía ser fiel a la cultura del país, y criticaba sin ambages[7] a quienes intentaban ser más extranjeros que él.

Durante los siguientes días, Charles y Susil hablaron con Sundar acerca de su futuro. «Después de todo, solo tienes diecinueve años. Si realmente deseas influir en la iglesia cristiana india, será mejor que obtengas algún título académico. También necesitas un método sistemático de

7 Ambages: Rodeos de palabras o circunloquios.

estudio bíblico. Está muy bien que leas el Nuevo Testamento por tu cuenta, pero necesitas igualmente descubrir la riqueza y sabiduría que hay en el Antiguo Testamento».

Sundar entendió la lógica detrás de lo que le estaban diciendo, por lo que accedió a inscribirse en un programa de dos años en la escuela Saint John en Lahore. Mientras se dirigía hacia allí, ni siquiera imaginaba lo difícil que sería esta nueva etapa en su vida.

Capítulo 8

Un ave silvestre enjaulada

Era el día de año nuevo, y Sundar miraba atento la gran cantidad de jóvenes que lo rodeaban durante la cena. Llevaba tres semanas en la Escuela de Divinidades de Saint John, y se preguntaba si acaso tenía algo más en común con los estudiantes, apartede la nacionalidad india. Recordó el día que llegó a la escuela. Mientras todos llegaron con cajas y maletas repletas de cosas, él, en cambio, solo trajo la ropa que tenía puesta y su Nuevo Testamento en Urdu[1]. En tanto un grupo de cariñosas madres y exigentes padres les decían a sus hijos que trabajaran duro y obtuvieran buenas notas, ni su padre ni sus hermanos tenían la más remota idea de donde se encontraba él en ese momento, y tampoco les interesaba saber. Pero la comparación no terminaba ahí. La mayoría de sus compañeros provenían de familias cristianas

1 Urdu: Lengua hablada en Pakistán e India.

e ingresaban a Saint Johns voluntariamente esperando, quizás, convertirse en diáconos o pastores de la Iglesia Anglicana. En contraste, él no se imaginaba a sí mismo trabajando para ninguna denominación específica.

Solo había pasado tres semanas desde su llegada a la escuela y Sundar ya se sentía más que abrumado por el tipo de conversaciones que tenían los estudiantes a la hora de las comidas, los juegos que jugaban sus compañeros y, sobre todo, por la falta de tiempo para meditar y orar. Era innegable que extrañaba las montañas en Simla y Kotgarh donde solía orar durante horas, incluso días, y leer alguno de los evangelios completos. Paradójicamente, se sentía más solo en Saint John, estando en medio de tantos estudiantes cristianos, que cuando viajaba en solitario por las montañas del Himalaya.

Como si lo anterior no fuera suficiente para acelerar su descontento, Sundar pronto se dio cuenta que sus compañeros tampoco parecían muy cómodos con que hubiera un joven Sadhu entre ellos. Esto se hacía más que evidente cada vez que él pasaba al lado de algún grupo, y tenía la impresión de que murmuraban de él, o cada noche en el dormitorio, cuando algunos estudiantes de primer año, liderados por un joven llamado Prem, lo molestaban y se burlaban de él. Por más que se preguntaba en silencio por qué Prem parecía odiarlo tanto, la respuesta no le resultaba del todo clara.

Sin poder terminar su comida, Sundar se paró de la mesa y salió del ruidoso comedor. Cabizbajo, caminó por los alrededores de la escuela durante un buen tiempo hasta que finalmente se apoyó en el tronco de un árbol. Entonces con lágrimas en los ojos comenzó a orar en voz alta: «Señor, a veces me siento muy solo, aunque sé que me acompañas y me ayudarás a pasar este trago amargo. Te pido por los muchachos que me molestan, en especial por Prem. Perdóname si hice algo que lo ofendió. Deseo tanto que tu amor fluya entre él y yo; así que perdóname si he sido una piedra de tropiezo para mi hermano».

En ese instante, una rama crujió detrás del él. Cuando abrió los ojos y volteó a ver de qué se trataba, se encontró de frente con los ojos de Prem. Luego de un instante largo de mirarse mutuamente, Prem finalmente se doblegó de rodillas delante de Sundar.

—Perdóname, Sundar, por favor, perdóname —suplicó Prem—. Yo soy quien necesita ser perdonado, no tú. No sé por qué he sentido tanta rabia contra ti, si no has hecho nada en contra mía.

Dicho esto, Prem apoyó su cabeza en el hombro de Sundar y lloró con profundo sollozo.

—Prometo nunca más burlarme de ti. De hecho, me gustaría que fuéramos amigos. ¿Podríamos orar juntos? —preguntó Prem.

Tras mirar fijamente los encharcados ojos de Prem, Sundar asintió.

—Claro que me gustaría hacerlo.

Desde ese momento, Sundar y Prem se hicieron muy buenos amigos, y su amistad ayudó a atenuar en algo la soledad que Sundar sentía.

Aun así, su estadía en la escuela de teología seguía siendo difícil. Se animaba, pensando que cuando se graduara, sería ordenado como pastor anglicano y entonces podría predicar, no solo en las montañas y los campos, sino también en las iglesias de India.

No obstante, pasados ocho meses de estar en la escuela, Sundar se dio cuenta que su visión respecto a su futuro ministerio era completamente distinta a la que tenía el director anglicano de la escuela Saint John, el obispo Lefroy.

—Buenas tardes, reverendo Leffroy —dijo Sundar sentándose en un sillón de cuero suave, frente al obispo.

—¿Cómo te ha ido, Sundar? —preguntó el obispo Lefroy.

—Muy bien, señor —respondió Sundar—. Aunque debo reconocer que mi tiempo aquí ha sido más difícil de lo que imaginé. Pero está bien. Supongo que es un sacrificio que vale la pena para lograr ser ordenado y predicar, no solo en los pueblos y mercados donde se reúne la gente, sino también en las iglesias por toda Indio.

Sundar vio cómo una expresión de desconcierto se dibujaba en el rostro del obispo.

—Sundar, permíteme explicarte algo —comenzó el obispo Lefroy cuidadosamente—. Si eres ordenado sacerdote, no podrás deambular predicando por toda la India. Como sacerdote, tendrías una iglesia, o quizás un grupo de iglesias por las que velarías. En ese caso, deberás permanecer en la diócesis que se te asigne, y no podrás viajar libremente a Bombay, Delhi o Calcuta o a cualquier otro lugar a predicar sin la autorización del obispo diocesano. Pensé que sabías esto antes de matricularte en la escuela.

No saber algo tan obvio, o saberlo apenas en ese instante, hizo que Sundar se recriminara en silencio.

—No, no sabía eso —dijo—. ¿Y el Tíbet? ¿Me dejarían ir allá, ya que no pertenece a ninguna diócesis?

Luego de una incómoda pausa, el obispo Lefroy respondió:

—El Tíbet no le pertenece a ninguna diócesis, es cierto. Pero Sundar, no puedes ausentarte por cuatro o cinco meses cada verano y perderte en el Tíbet. A pesar de ser un objetivo muy noble el querer predicar el evangelio a los tibetanos, dejarías una iglesia llena de personas que anhelan tu guía espiritual y liderazgo. No puedes simplemente dejarlos cuando te plazca.

Sundar se quedó un instante mirando desconcertado los libros forrados en cuero y organizados cuidadosamente en el librero detrás del Obispo Lefroy mientras meditaba en lo que acababa de escuchar. Definitivamente la vida de un obispo anglicano no era lo suyo. Él había sido llamado a ser un Sadhu cristiano, a ser un misionero en los pueblos remotos de India y el Tíbet. Si bien tenía la esperanza de que el ser ordenado le ayudara a expandir su ministerio, nunca imaginó que pudiera tener el efecto contrario. En lo profundo de su corazón sabía que la educación teológica de Saint

John no era lo indicado para él, especialmente si obstaculizaba el llamado que Dios le había hecho.

—Obispo Lefroy —dijo Sundar con mucho respeto luego de un instante de reflexión—. Le agradezco por todo lo que ha hecho por mí durante este tiempo, pero me temo que debo retirarme de Saint John. Es más que evidente que mi ministerio no es compatible con las directrices de la Iglesia Anglicana. Confío que, en un futuro, cuando nos volvamos a ver, podamos disfrutar de una maravillosa comunión.

—Así será, Sundar —dijo el obispo con gentileza—. Siento mucho que tengamos planes distintos en cuanto a tu ministerio. Tenía grandes expectativas de que te quedaras en una diócesis y fueras un pastor de gran influencia para los que te rodearan. Pero si eso no sucede, le pido a Dios que bendiga tu ministerio. Te deseo mucho éxito en tus planes futuros.

Después de escuchar las palabras del obispo Lefroy, Sundar abandonó su despacho con una venia de respeto.

Al traspasar la puerta de la Escuela Teológica de Saint Johns por última vez, Sundar sintió como si le quitaran un enorme peso de encima. Nuevamente era libre de ir a donde sintiera que Dios lo llamaba y hablar libremente con quien se encontrara en el camino. Lo primero que hizo fue visitar la escuela de Saint Stephen en Delhi, donde Susil Rudra y Charles Andrews, los hombres que había conocido en Kotgarh algunos meses atrás, lo recibieron cálidamente. Charles, quien lo había visitado en Saint John, le dijo que se sentía contento de que hubiera decidió marcharse. Le explicó que cuando vio que él no era feliz en la escuela, supo del error que había cometido al recomendarle ese lugar, pues allí Sundar era como un ave silvestre enjaulada que no podía volar libremente.

Ahora que Sundar era un invitado y no un estudiante, podía hablar libremente con los jóvenes cristianos que estaban en la escuela Saint Stephen y los animaba a seguir el ejemplo de servicio dejado por Jesús. Susil y Charles, entretanto, estaban encantados con el efecto que su visita estaba teniendo en los estudiantes y lo invitaron a volver cada vez que pasara por la ciudad.

Un mes después de su visita a Saint Stephen, Sundar recibió una carta de Susil, donde le contaba las cosas maravillosas que estaban sucediendo luego de su visita. Muchos de los jóvenes habían atesorado sus palabras, generando una transformación positiva en el ambiente de la escuela. Así sucedían las cosas, un joven llamado Samuel había decidido renunciar a sus aspiraciones de conseguir un buen trabajo en el Gobierno y ahora deseaba dedicarse al ministerio cristiano a tiempo completo. Teófilo, otro estudiante, había cuidado a uno de los encargados de limpieza de la escuela durante tres noches, luego que este cayera enfermo de cólera. Lo interesante de esto es que antes de que Sundar visitara Saint Stephen, Teófilo ni siquiera le dirigía la palabra al humilde barrendero por considerar su trabajo de muy baja categoría. Por su parte, Amrit Singh había regresado de sus vacaciones cargando a un moribundo dalit que había encontrado en el bosque, y ahora lo cuidaba con esmero y dedicación.

Feliz por lo que decía aquella carta, Sundar contestó la misiva[2] prometiendo regresar a Saint Stephen en cuanto pudiera. Luego continuó con sus viajes. Y aunque a veces podía hablar y predicar el evangelio abiertamente en los pueblos que visitaba, en otras ocasiones no le permitían predicar y era echado de las aldeas con todo tipo de amenazas. El rechazo de la gente, en vez de desanimarlo, lo impulsaba a seguir a delante. Después de visitar la región del sureste, Sundar decidió encaminarse hacia la ciudad de Benarés, la cual estaba ubicada a orillas del Río Ganges.

Benarés era una cuidad a la que miles de peregrinos hindúes acudían a buscar el perdón por medio de un baño ritual en las sagradas aguas del río que ellos llamaban Madre Ganges. Frente a los santuarios hindúes, a orillas del Ganges, Sundar encontró un grupo de personas con quienes conversar. Pero al igual que sucedía en otros pueblos, a veces la gente lo escuchaba en silencio, y en otras ocasiones la multitud se tornaba violenta cuando se daba cuenta que Sundar les hablaba del Dios cristiano.

Un día luego de hablar con un grupo de hindúes que había accedido a escucharlo amablemente, algunos de los hombres allí reunidos lo instaron a hablar con su hombre santo, el cual permanecía meditando a orillas del río. Le explicaron que,

2 Misiva: Dicho de un papel, un billete o una carta: Que se envía a alguien.

aunque ellos no tenían el suficiente conocimiento como para debatir con él, su hombre santo sí podía demostrarle lo equivocado que él estaba. Luego de que Sundar aceptara discutir con el Sadhu hindú, un joven salió corriendo a buscar al hombre santo y un momento después regresó con él. El Sadhu hindú, un hombre anciano y de tez oscura y desgastada, caminó hacia Sundar y lo miró directamente a los ojos. Luego hizo algo inesperado para Sundar. En lugar de refutar lo que él había dicho, extendió dos de sus dedos y los puso primero en la boca de Sundar y luego en la suya. La gente emitió un murmullo de desconcierto, al ver cómo el hombre santo hindú parecía estar de acuerdo con lo dicho por Sundar. Ante la reacción de la gente, el hombre santo se volvió hacia la multitud y declaró que todo lo que Sundar había dicho acerca de Jesucristo era totalmente cierto.

Sundar estaba sorprendido y ansioso para poder hablar con el hombre santo en privado. Cuando por fin estuvieron solos, el hombre le explicó que, aunque su apariencia era la de un hindú devoto, él era realmente cristiano. Posteriormente le explicó que pertenecía a un grupo de cristianos llamado Sannyasi, los cuales no declaraban su fe abiertamente, sino que vivían como hindúes y predicaban en privado cuando tenían la oportunidad. También le dijo que tenían sus propios templos que, aunque exteriormente eran idénticos a los santuarios hindúes, en su interior no albergaban ninguna estatua de ídolos hindúes. En esa misma línea, sus templos tampoco tenían cruces o cualquier otro símbolo que evidenciara su identidad cristiana. Lo que sí dejó claro es que en sus santuarios practicaban las costumbres cristianas del bautismo y la Santa Cena.

Mientras Sundar escuchaba al hombre santo explicarle los caminos del Sannyasi, estaba asombrado, no solo de que hubieran podido mantener su grupo en secreto en medio de los perspicaces[3] hindúes, sino también de que hubiera muchos más Sadhu cristianos de los que él pudiera imaginar.

Cuando Sundar dejó Benarés, pensó mucho en el Sannyasi. Aunque admiraba y aceptaba su forma de expresar su fe, sabía que ser un creyente en secreto no era una opción para él. Su llamado era a predicar el evangelio donde estuviera, incluso al otro lado del Himalaya y el Tíbet.

3 Perpicaces: de perspicacia. Penetración de ingenio o entendimiento.

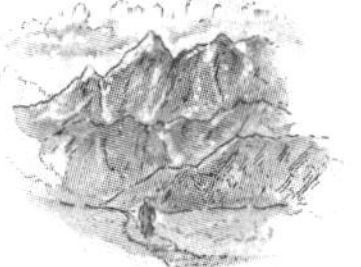

Capítulo 9

¡Estás vivo!

A fines de la primavera en 1912, Sundar se preparaba para emprender viaje hacia el Tíbet una vez más. Esta vez decidió seguir un sendero sobre la cordillera de Kailas, un poco más hacia el este del camino que había tomado en su primer viaje por el Himalaya. Se decía que en esta región moraban[1] los dioses del hinduismo, y que también muchos ermitaños hindúes vivían en cuevas escondidas en las montañas. Por cierto, muchas bandas de asaltantes nómadas también habitaban la región y atacaban y robaban a los peregrinos hindúes y a las caravanas tibetanas. Sin embargo, como Sundar no llevaba más que su inseparable manta, no llamaba la atención de los ladrones y, por ende, no sufrió ningún ataque durante su paso por el lago Mansarovar. El lago estaba circundado por los imponentes picos de montañas, así como por enormes bandadas de

1 Moraban: del verbo morar. Habitar o residir habitualmente en un lugar.

cisnes que pululaban la superficie del agua y algunas ruinas de templos budistas que aún permanecían en pie a lo largo del lago.

Luego de bordear las serenas aguas del Mansarovar, Sundar comenzó el arduo sendero de ascenso hacia la cordillera. Cuando finalmente coronó la cresta principal, descendió al Tíbet.

Después de dejar la cordillera de Kailas, Sundar caminó varios kilómetros antes de encontrar una aldea. Una vez allí, intentó hablar con los lugareños, pero cuando estos se dieron cuenta de que era cristiano, adoptaron una actitud hostil. Fatigado y con los pies sangrando a causa de la ardua caminata a pie limpio, Sundar decidió seguir caminado hasta el atardecer. Al llegar a un inhóspito cruce de caminos, le preguntó a una anciana que pasaba por allí hacia dónde debía ir, y la cansina[2] mujer le indicó con la mano que siguiera derecho con dirección al suroeste, hacia un paso montañoso. Sin saber hacia dónde se dirigía, retomó la pesada travesía en la dirección indicada por la anciana.

Aunque hacía mucho frío, Sundar continuó sin parar, mientras recitaba pasajes completos del evangelio de Juan para sentirse animado. Luego de dos horas de caminata, se dio cuenta que lo habían engañado. Esa ruta no llegaba a ninguna parte. El camino terminaba en un río de aguas torrentosas y heladas. Sundar no tenía manera de cruzarlo. De pronto, la realidad de la horrible situación se apoderó de él. Entonces se sentó en

2 Cansina: Dicho de una persona o de un animal: Que tiene su capacidad de trabajo disminuida por el cansancio.

una roca junto al río y lloró de desesperación. Parecía que nadie quería hablar con él, ni ayudarlo, o que no les importaba si moría o era arrastrado aguas abajo.

Unos minutos después, se secó las lágrimas y echó un vistazo hacia el otro lado del río. Para su sorpresa, un hombre permanecía agazapado en torno a una fogata. Esto lo hizo sentirse peor. Le parecía mentira que teniendo una fuente de calor y comodidad tan cerca, no tuviera manera de llegar allá.

Atónito observó cómo el hombre se levantaba y caminaba hacia el río, para luego meterse a la gélida corriente, primero hasta las rodillas, luego hasta el torso y finalmente hasta los hombros. Sin poder salir de su asombro vio cómo en cuestión de segundos el hombre estaba parado a menos de un metro de distancia de él.

—Ven y siéntate en mis hombros y no temas —dijo el hombre, estirando su brazo derecho para que él lo sujetara.

Un sentimiento de profunda paz llenó a Sundar, mientras procedía a seguir las indicaciones del desconocido. Una vez que se sentó en los hombros anchos y fuertes del hombre, este, entró nuevamente al agua y cruzó a Sundar hasta la otra orilla. Al sentirse a salvo, cerró los ojos y agradeció a Dios por un instante. Cuando volvió a abrirlos, la persona ya no estaba por ninguna parte. Sorprendido, miro alrededor y no vio más que un montón de piedras como a cien metros de distancia, lugar poco probable como para que alguien se escondiera.

Asombrado por la misteriosa desaparición de su ayudador, Sadhu Singh se sentó en una pequeña roca y esperó. Tras varios minutos de espera y ver que el extraño no regresaba, se levantó y continuó su camino, mientras daba gracias a Dios por no abandonarlo.

El recibimiento que recibió en el siguiente pueblo también fue hostil. Sundar pensó que, quizás, su mala reputación se había extendido por la región. Para su desdicha, confirmó este presentimiento cuando la gente del pueblo comenzó a insultarlo y a arrojarle piedras, incluso antes de que comenzara a predicar.

Tras su apresurada huida, Sundar llegó a la aldea de Rasar, ubicada en la cima de una alta meseta. Como era su costumbre, se dirigió al mercado y comenzó a predicar. Para su sorpresa, una considerable multitud rápidamente se reunió en torno suyo y lo escuchaban atentamente. Algunos, incluso, se animaron a preguntarle acerca de lo que les hablaba, y parecían satisfechos con la respuesta. No obstante, el ambiente cambió abruptamente sin ninguna razón aparente, y la le gente comenzó alejarse en medio de gritos y diatribas[3].

No pasó mucho tiempo para que Sundar descubriera el motivo. Algunos sirvientes del lama se habían infiltrado entre la multitud para indisponerla contra él. Cuando la gente supo que el lama no estaba de acuerdo con lo que Sundar predicaba, perdieron interés y se alejaron entre manoteos y rechiflas. Poco después, los pocos asistentes que aún quedaba se desperdigaron cuando vieron

3 Distribas: Discurso o escrito acre y violento contra alguien o algo.

llegar los guardas del monasterio a arrestar a Sundar y llevarlo ante el lama.

—Es contra la ley enseñar una religión extranjera en el Tíbet —le dijo el lama—. Te hemos capturado en el acto. ¿Tienes algo que decir en tu defensa?

—No —respondió Sundar.

No tenía sentido declararse inocente. Tal como el lama había dicho, él había sido sorprendido en el acto mismo de predicar el evangelio.

—Muy bien, tu castigo será la muerte —anunció el lama con severidad.

Mientras los guardas procedían a obedecer el dictamen del lama, Sundar se preguntaba cuál sería su destino. ¿Le coserían la piel húmeda de un yak, tal como había ocurrido con Kartar Singh y moriría aplastado, o le esperaba algún otro final? No pasó mucho tiempo para saber que los tibetanos tenían otras crueles maneras de provocar la muerte.

Luego de ser arrastrado hasta las afueras de la aldea, vio cómo los guardas lo lanzaban en un pozo abandonado. Sundar cayó al fondo de la fosa con un porrazo estruendoso. Aturdido por el impacto del golpe, vio cómo tapaban la boca del pozo con una lona y la aseguraban con candados.

El aire en el fondo de aquella oscura cavidad era fétido y Sadhu Singh se atragantó al intentar respirar con normalidad. Cuando tanteó en la oscuridad para saber el porqué de tan putrefacto aroma, se encontró con algo siniestro. Había palpado algo muy parecido a una calavera. Al parecer no era la primera persona que lanzaban a ese pozo para que muriera. Increíblemente estaba rodeado de huesos y carne humana descompuesta de las anteriores víctimas. Sundar se dio cuenta que no podía moverse sin rozar algún resto humano y se sintió desesperado. Mientras hacía un esfuerzo infructuoso por ponerse en pie, pensó que morir atado a la piel viscosa de un yak era una muerte más digna y llevadera que la muerte que le esperaba.

Aterrado, se apoyó contra la pared e intentó orar, pero sintió que sus oraciones ni siquiera lograban salir del pozo. El sentimiento de impotencia y soledad era tan grande, que deseó tener una muerte rápida. Sin embargo, su deseo no se hizo realidad y en su tercera noche en el fondo del pozo, Sundar estaba completamente debilitado que apenas si podía moverse. Sabía que le quedaba poco tiempo de vida y acogió con gozo la pronta liberación del tormentoso infierno que le rodeaba.

Un instante después, escuchó un ruido a las afueras del pozo, similar a un tintineo o un susurro. Sonaba como si el candado que aseguraba la techumbre del pozo estuviera siendo abierto por alguien. Con asombro, vio cómo la lona que cubría el pozo se descorría de un golpe. ¿Era real o se lo estaba imaginando? Sundar se preguntó si quizás su cansada mente lo estaba haciendo ver alucinaciones. ¿Era realmente la luz de la luna lo que estaba viendo? Entonces vio caer al lado suyo una cuerda. Cuando estiró su débil y temblorosa mano para alcanzarla se dio cuenta que era real y no producto de su imaginación. Sundar tuvo que hacer un gran esfuerzo y concentración, para lograr introducir uno de sus pies por entre el bucle del lazo y apretarlo alrededor de la cintura. Segundos después sintió que lo jalaban hacia arriba del pozo.

Sundar jadeó con dificultad mientras respiraba una bocanada de aire frío y limpio y se derrumbaba en el suelo. En su estado semiconsciente, escuchó que la lona volvía a su lugar y que el candado se cerraba de nuevo. Cuando se giró para ver quién lo había rescatado del pozo, no vio a nadie. Quien lo hubiera rescatado, había desapareció en la oscuridad de la noche.

Aunque volver a respirar aire fresco era una experiencia maravillosa, así como estar recostado en el piso, Sundar sabía que si no se alejaba de allí, pronto sería descubierto. Con gran esfuerzo se puso de pie y con paso tambaleante comenzó a caminar, guiado apenas por la luz de la luna llena que brillaba en lo alto. Al cabo de unos minutos, encontró unos arbustos cerca del lecho de un río y se escondió entre ellos para poder dormir. Cuando despertó, el sol ya calentaba en lo alto de un cielo despejado. La sensación de calidez y bienestar que experimentó era inigualable.

Sundar permaneció recostado bajo el sol unos minutos más, recuperando fuerzas antes de dirigirse al río, donde se bañó y lavó sus apestosas ropas. Mientras estas se secaban, dio gracias a Dios por enviar a un extraño a su rescate. También se preguntó cuál sería su siguiente destino. Su primera idea fue alejarse del pueblo de Rasar lo antes posible. Pero mientras más pensaba en esta posibilidad, más se convencía de que eso no era lo que Dios quería. Sabía que tenía una buena oportunidad ante sí que no debía dejar pasar. Apresuradamente se envolvió en su manta, se puso el turbante y caminó hacía la aldea.

La gente del mercado se asombró cuando lo vieron predicando otra vez, pues estaban seguros de que había muerto. ¿Cómo entonces podía estar predicando nuevamente? La noticia se regó como pólvora y no pasó mucho tiempo antes de que la guardia del monasterio lo arrestara por segunda vez.

—¿Cómo es posible? —preguntó el lama desconcertado—. Te lanzaron al fondo de un pozo para que murieras. ¿Quién te rescató? ¿Quién es el traidor?

Sundar quiso explicar su rescate, pero estaba tan débil que no había prestado mucha atención.

El gran lama estaba decidido a llegar el fondo del asunto. Si había un traidor en medio de ellos, lo iba a encontrar a como diera lugar. Fue entonces cuando uno de los oficiales del lama intervino para decir que solo había una llave capaz de abrir el candado del pozo, y que dicha llave aún estaba en posesión suya.

El gran lama parecía preocupado y Sundar notó el terror en sus ojos. El lama detuvo el interrogatorio.

—Vete ahora mismo de Rasar y no vuelvas más por aquí para que el poder que te protege no nos destruya —le ordenó.

Sundar abandonó Rasar, seguro de que su regreso había impresionado profundamente al lama, así como al resto del pueblo.

Tras dejar Rasar, Sundar pasó por varias aldeas predicando el evangelio. Como se acercaba el otoño, Sadhu Singh debía darse prisa y retomar el camino de regreso por las montañas antes de que la nieve se lo impidiera.

En su retorno a India, visitó aldeas y poblados del norte y centro del país. Aunque el trabajo era agotador, no se rindió. Al mismo tiempo que predicaba y viajaba, Sundar leía una y otra vez los evangelios; y, al hacerlo, se convencía cada vez más que Dios lo estaba llamando a ayunar tal como Jesús había hecho luego de ser bautizado.

Fue entonces cuando recordó un bosque en Kajiliban donde había estado un tiempo anteriormente. Era un lugar solitario ubicado a lo largo de las orillas del río Ganges entre Dehra Dun y Haridwar. Sundar no tuvo que pensarlo mucho para saber que aquel era el lugar ideal para ayunar. Sin perder tiempo, abordó un tren atestado de pasajeros hasta el techo y viajó hacia el bosque.

Durante un tramo del viaje, Sundar se sentó al lado de un hombre inglés, el cual se presentó como el Dr. Smith. Luego de la mutua presentación, Sundar le explicó al amable doctor inglés que se dirigía al bosque para ayunar y orar durante cuarenta días, tal como había hecho Jesús.

El Dr. Smith estaba asombrado por semejante declaración y le hizo muchas preguntas sobre su salud. Finalmente sentenció:

—No creo que puedas sobrevivir a tal ayuno, así que te aconsejo que no lo hagas.

Sundar, sin embargo, insistió en que debía ayunar porque sentía que Dios lo estaba guiando. Entonces el doctor le pidió otra cosa.

—Está bien; si no vas a recibir mi consejo, al menos dame algunos nombres de tus amigos más cercanos para contactarlos y asegurarme de que estarás bien —dijo el Dr. Smith.

A Sundar le pareció razonable la petición del doctor, así que escribió los nombres de Susil Rudra, el obispo Lefroy y varios nombres más y se los entregó al Dr. Smith antes de que el tren llegara a la estación de Nimoda donde este se bajaba.

Sundar, por su parte, continuó su viaje hasta arribar a la estación más cerca al bosque de Kajiliban la mañana del 26 de enero de 1913. Tras agarrar su inseparable manta y su Nuevo Testamento, Sundar se dirigió al bosque donde encontró un lugar tranquilo para ayunar y orar entre un espeso bambusa.[4] Luego se dedicó a juntar cuarenta piedras en un montón. Planeaba quitar una piedra cada mañana para llevar el control de los días. De esa forma comenzó Sundar los cuarenta días de oración y ayuno.

Todas las mañanas, Sundar quitaba una piedra y pasaba el día entero leyendo su gastado Nuevo Testamento, cantando y orando. Con el correr de los días empezó a perder la noción del tiempo y a sentirse cada vez más débil. De hecho, a veces no lograba concentrarse, y en ocasiones tampoco recordaba si había quitado la piedra esa mañana. Finalmente, luego de veintitrés días sintió que perdía la conciencia. Trastabillando buscó

4 Bambusal: Terreno poblado de caña de bambú.

un lugar solitario y escondido entre un matorral de bambú y se recostó a descansar.

Despertó solo cuando sintió el movimiento de unos brazos fuertes que lo levantaban en una camilla. Sin embargo, antes de poder reconocer lo que sucedía con él, volvió a quedar inconsciente. Cuando despertó estaba acostado en una cama cubierta con suaves y blancas sábanas. Entonces escuchó una voz:

—Al fin te despiertas —dijo la voz—. Ha sido un largo viaje. Unos recolectores de bambú te encontraron y te trajeron en el tren hasta Dehra Dun. Luego un grupo de cristianos te trajo en una carreta de bueyes hasta Annfield. Ahora mismo estás en la casa del pastor Dharmajit Singh. Por cierto, él no se encuentra en este momento, pero yo soy su hijo, Bansi, y te cuidaré hasta que estés completamente bien.

Sundar sonrió débilmente.

—Me imagino que supieron que eras cristiano porque encontraron un Nuevo Testamento en tu bolsillo —dijo Bansi—. Sin embargo, solo te reconocí cuando vi tu nombre escrito en la tapa. Te escuché predicar una vez y me imprcsionó mucho tu mensaje.

Sundar escuchó a Bansi, pero el esfuerzo por mantenerse despierto lo agotó a tal punto, que volvió a quedarse dormido.

Pasaron tres semanas antes de que Sundar estuviera completamente sano y listo para continuar su viaje. Cuando se disponía a subir al tren, se encontró con una gran sorpresa.

—¡Estás vivo!, ¡estás vivo! —le gritó un hombre en el tren cuando vio a Sundar—. Tú eres el Sadhu Sundar Singh, ¿no es así?

—Sí, ese soy yo. Y como ves, estoy vivo —respondió Sundar—. ¿Por qué supones lo contrario?

—Porque hace un mes asistí a tu funeral —dijo el hombre mirando a Sundar de pies a cabeza—. ¿Estás seguro que tú eres Sadhu Sundar Singh?

—Sí, por supuesto que soy yo. Pero, ¿a qué funeral te refieres?

—Al que se llevó a cabo en la Iglesia Anglicana de esta ciudad. Mucha gente asistió entre cristianos e hindúes. Incluso el sacerdote leyó una carta de consuelo que escribió el obispo Lefroy. ¿Estás seguro que no has oído nada sobre tu muerte? Tu obituario está en todos los periódicos de la India.

Sundar necesitó un par de horas para lograr entender la historia cuando visitó la iglesia en Chandigarh donde se había llevado a cabo su supuesto funeral. Tras sorprender al vicario de la parroquia, se enteró de que el Dr. Smith había enviado un telegrama a los hombres cuyos nombres Sundar le había proporcionado. El telegrama decía: «Sundar Singh duerme en Cristo. Firma Dr. Smith».

Sundar concluyó que el Dr. Smith, el hombre que había conocido en el tren, estaba tan convencido de que él moriría durante su ayuno, que envió el telegrama anunciando su muerte. La situación sorprendió a Sundar de tal manera que, se apresuró a llegar a Simla en la brevedad posible, para mostrarle a todos que estaba vivo y listo para su próximo viaje misionero.

Capítulo 10

En Nepal

Luego de asegurarle a sus amigos en Simla y en el norte de India que estaba vivo, Sundar emprendió nuevamente viaje hacia el Tíbet en mayo de 1913. Mientras se dirigía a un pueblo ubicado a orillas del sendero que conducía al Himalaya, Sundar notó un par de hombres que iban un poco más delante de él. Mientras avanzaba, vio cómo uno de los hombres caía al piso de forma repentina. Cuando Sundar los alcanzó, el hombre estaba cubierto con una manta.

—¿Qué le pasó a tu amigo? —preguntó Sundar.

—Se tropezó y cayó, y ahora está muerto —respondió el hombre—. ¿Qué crees que debería hacer? No tengo dinero para un entierro, y tampoco puedo abandonarlo a merced de los chacales.

Conmovido por la difícil situación del hombre, Sundar decidió obsequiarle su manta y las únicas dos monedas que alguien le había regalado antes de partir hacia el Tíbet.

—Toma esto. Sé que no alcanza para mucho, pero en algo te ayudará. Que Dios te consuele —dijo mientras le entregaba sus pertenencias al hombre.

El hombre agradeció el generoso gesto y Sundar retomó su camino. Aún no llegaba al pueblo, cuando el hombre vino corriendo tras él.

—¡Está muerto, mi amigo está realmente muerto! —gritó, mientras agarraba el brazo de Sundar.

Sundar observó al hombre con extrañeza.

—Por supuesto que está muerto, yo mismo lo vi caer. ¿De qué hablas?

El hombre se lamentó.

—Sadhu, hemos sido compañeros durante muchos años. Nos turnamos para fingir que estamos muertos y así obtener dinero de viajeros desprevenidos. Sin embargo, luego de engañarte, le quité la manta que cubría a mi compañero, pero no se levantó. Lo sacudí con fuerza y tampoco despertó. Está realmente muerto.

La cara del hombre reflejaba una profunda tristeza.

—Perdóname, Sadhu. Perdóname por engañarte. Es obvio que los dioses me han castigado.

Sundar extendió su mano y sobó suavemente la espalda del angustiado hombre.

—Amigo mío, lo que hiciste estuvo mal, y lamento la muerte de tu compañero; sin embargo, permíteme contarte sobre aquel que es el Señor de la vida y la muerte.

Acto seguido, Sundar le habló del evangelio al hombre y este escuchó con atención, interrumpiendo de vez en cuando para preguntar sobre la fe cristiana. Finalmente, el hombre preguntó cómo podía convertirse en un seguidor de Jesús. Emocionando, Sundar lo guio en una sencilla oración. Posteriormente, lo envió hacia el pueblo de Garhwal, donde había una base misionera y creyentes dispuestos a instruirle en su nueva fe.

Sundar continuó su camino por entre los riscos montañosos en dirección al Tíbet. Pero como era de esperarse, su verano en el Tíbet estuvo caracterizado por una mezcla de burlas, golpes e insultos, aunque en algunas aldeas la gente era más receptiva y lo escuchaban o interrogaban sobre sus mensajes. A pesar de la oposición que enfrentó, tuvo algunas oportunidades excepcionales para predicar el evangelio.

En una ocasión, mientras iba por una empinada montaña, se encontró con un hombre que estaba orando en una cueva. Para no quedarse dormido mientras oraba y meditaba, esta persona había atado su larga cabellera al techo de la cueva. Movido por la curiosidad, Sundar entró a la caverna y le preguntó qué estaba haciendo.

—He llevado una vida persiguiendo ideales mundanos que solo me ha dejado un vacío y un profundo temor al futuro que no he logrado calmar con nada. Por ese motivo he venido a esta cueva para alejarme del mundo y buscar la iluminación que me libre del temor.

— ¿Y has hallado algo de lo que buscas? —preguntó Sundar.

—Ay Sadhu, por desgracia, aún no he encontrado lo que busco —dijo el hombre—. Todavía ningún alivio o eliminación apacigua mi atormentado espíritu.

Sundar, entonces, comenzó a enseñarle el evangelio al hombre. Y mientras lo hacía, una expresión de deleite comenzó a iluminar el rostro del atormentado penitente. Un instante después, movido por una gran alegría, desató su cabello del techo de la cueva y se paró frente a Sundar.

—¡Ahora mi alma está en reposo! —dijo el hombre—.Sadhu, quisiera ser discípulo de este Jesús. Por favor, guíame a él.

Sundar guio a su interlocutor en oración y le explicó los aspectos esenciales sobre el cristianismo. Antes de continuar su camino, lo animó a llegar a la base misionera más cercana para que fuera discipulado.

En otra ocasión, mientras predicaba en la plaza de una aldea, una multitud enardecida[1] expulsó a Sundar del poblado. Mientras huía de la turba, comenzó a caminar por un risco montañoso, cuando resbaló haciendo que una gran roca se desprendiera del barranco y rodara cuesta abajo. Increíblemente la piedra terminó estrellándose contra la cabeza de una enorme cobra negra, matándola en el acto. Un muchacho que caminaba detrás de Sundar y que había presenciado el hecho, corrió atónito hacia él para contarle que había dado muerte a una peligrosa serpiente responsable de morder y matar a varios residentes del pueblo. Luego le contó que era tanto el miedo que los pobladores del lugar le tenían a la víbora, que ya no utilizaban

1 Enardecida: del verbo enardecer. Excitar o avivar una pasión del ánimo, una pugna, una disputa.

ese sendero. El muchacho le decía a Sundar que lo ocurrido era una hazaña, éste corrió hacia la aldea y le contó a todos lo que había sucedido. Las personas del lugar quedaron tan agradecidas con Sadhu Singh, que lo invitaron a quedarse con ellos, con la promesa que esta vez sí escucharían su mensaje.

Tiempo después, Sundar caminaba por un escarpado paso montañoso minado de piedras afiladas, cuando sus pies comenzaron a sangrar. Al sentarse a un costado del camino para vendar sus pies, un hombre que también caminaba por allí se detuvo a hablarle. El caminante se presentó como Tashi y quiso saber qué era lo que motivaba a Sundar a caminar descalzo por un terreno tan inestable y rocoso. Sundar le explicó a Tashi acerca de Jesús y su deseo de impartir el mensaje a tantas personas como le fuera posible.

Cuando Sundar terminó de vendarse las heridas, retomó su camino junto a Tashi, quien le contó sobre su búsqueda de la verdad, y cómo ahora tenía más dudas que antes.

Cuando llegaron al pueblo, Tashi le ofreció a Sadhu Singh hospedaje en su casa con la condición de que le hablara a él y su familia más detalladamente sobre Jesús. Sundar aceptó encantado y durante una semana les explicó el evangelio antes de pasar al siguiente pueblo. Al regresar dos semanas después, se enteró con agrado que Tashi y todos en su familia ahora eran cristianos y anhelaban ser bautizados. Sundar les recordó que era un acto riesgoso, ya que podía acarrearle serias consecuencias si el lama se enteraba.

Tashi le contó que, como anteriormente había servido como asistente del lama y tenía una buena relación con él, lo había visitado para contarle acerca de su decisión. Aunque inicialmente, el lama no estaba contento, debido a su amistad con Tashi, le permitió a él y su familia ser bautizados, con la única condición de que no persuadieran a otros a unirse a su fe. Sorprendido por la insólita reacción del lama, Sadhu Singh procedió a bautizar a Tashi y los ocho miembros de su familia en un río cercano.

Cuando el tórrido[2] verano empezó a llegar a su fin y el frío otoñal a impregnar el aire de las montañas, Sundar comenzó su dispendioso viaje de regreso a la India antes de que el invierno llegara con toda su fuerza.

Una vez estuvo de regreso en India, Sundar permaneció en Simla durante varias semanas antes de comenzar una correría por algunos pueblos del norte del país. Pensar en lo exitoso que había sido su verano en el Tíbet lo motivaba a predicar con mayor pasión. Por fortuna, cada vez eran más las personas que querían escuchar las buenas nuevas de Jesús.

En mayo de 1914 mientras se encontraba predicando en el paso fronterizo entre India y Nepal, en cercanías de un poblado que no había visitado antes, Sundar sintió fuertemente que Dios lo animaba a cruzar la frontera y predicar en Nepal. Ciertamente se trataba de una aventura peligrosa, ya que los cristianos eran aún más rechazados en Nepal que en el propio Tíbet. Y para empeorar las

2 Tórrido: Muy ardiente o caluroso.

cosas, se requería tener un visado nepalí, lo cual era imposible de obtener para cualquier cristiano. A pesar de los obstáculos, Sundar decidió seguir adelante con su osada travesía. Antes de cruzar a Nepal, compró la mayor cantidad de Nuevos Testamentos en nepalís que podía llevar consigo y continuó su viaje.

Sundar cruzó la frontera hacia Nepal en un paso fronterizo elevado donde no había guardias, soldados, ni patrulla fronteriza, y comenzó su viaje hacia el temido país. El viaje resultó ser complicado en extremo para él; no solo porque el frío abrasador hacía que sus manos y pies se hincharan hasta casi triplicar su tamaño, sino porque continuamente se sentía debilitado a causa del hambre y la sed. Aun así, Sadhu Singh se las arregló para vadear ríos y escalar empinadas montañas, a fin de avanzar sin retrocesos hacia el corazón de Napal.

Para su sorpresa, Sundar fue cálidamente recibido en muchas de las pequeñas aldeas esparcidas entre las montañas; cosa inusual, pues la mayoría de los habitantes de estos lugares no habían visto un extranjero antes ni tampoco escuchado el evangelio. Por otra parte, Sundar agradecía de que el idioma nepalí se pareciera bastante al indostano, el cual él conocía medianamente bien, haciendo que la mayoría de la gente comprendiera lo que él les decía.

Luego de una larga travesía, finalmente llegó a una de las ciudades más grandes de Nepal llamada Ilam a finales junio. Tras pasar sin novedad una guarnición del ejercito nepalí, buscó el mercado local y comenzó a predicar consciente del riesgo que esto suponía. Pronto una multitud se congregó a su alrededor, entre sorprendida y desconcertada de que un foráneo irrumpiera en su país para hablarles de un Dios que supuestamente había resucitado de la muerte y que juzgaría a todos en el día final. A medida que la gente le preguntaba sobre su extraño mensaje, la multitud más crecía en número.

Sundar hablaba de la muerte de Jesús en la cruz, cuando un grupo de seis soldados irrumpió entre la multitud acompañados por un oficial de rango superior.

—¿Quién te dio permiso para hablar acerca de este Dios extraño en nuestro país? —preguntó el oficial con hosquedad.

Aunque la multitud se acobardó y empezó a desperdigarse, Sundar se mantuvo firme en su lugar.

—No vine por orden de nadie, excepto aquel que es el jefe de todos los oficiales, el Rajá[3] de los rajas y Creador de todo lo creado —declaró Sundar.

El rostro del oficial se tornó rojo como la grana. Sin embargo, Sundar continuó con mayor vehemencia:

—Si bien el único Dios verdadero llamó a todas las naciones a la vida eterna, la gente de Nepal aún no conoce este maravilloso hecho —dijo Sundar—. Por eso yo he venido a decirles que esta vida eterna es posible gracias a la muerte del Hijo de Dios. Pero si no creen en él, llegará el día en que estarán parados ante su presencia, así como

3 Rajá: Rey de Nepal

yo estoy parado frente a ustedes, y tendrán que rendirle cuenta de la vida que han llevado.

—Eso lo veremos —respondió el oficial—. De lo único que estoy seguro ahora mismo es que irás a prisión y veremos si tu Dios es capaz de venir a rescatarte.

Sundar no pareció muy sorprendido.

—No temo ser encarcelado. Si tuviera miedo, no me hubiera arriesgado a venir a este lugar. Aunque clavaran mis pies a un tronco para que no caminara, todavía mi alma estaría libre. Si hicieran eso conmigo, mis pies ya no estarían más en un madero, sino sobre la roca inconmovible.

—No digas nada más —ordenó el oficial, sin perder de vista la reacción de la multitud. La gente, por su parte, observaba pacíficamente.

A pesar de la orden del oficial Sundar no se detuvo:

—Mientras esté vivo y pueda hablar, no dejaré de predicar. En libertad o prisión, estoy dispuesto a dar mi vida para que todos escuchen las Buenas Nuevas.

El oficial gruñó antes de dirigirse a uno de los soldados.

—Ya hemos escuchado suficiente. Aprésenlo y llévenselo al calabozo.

—Señor —dijo el soldado—, si este hombre, seguidor del Dios cristiano entrara a nuestra cárcel, enseguida la contaminaría.

—Tienes razón —acotó el oficial—. Será mejor que nos deshagamos de él por completo. Llévenlo a la frontera y déjenlo que se marche.

Luego miró fijamente a Sundar y le ordenó:

—Te prohíbo entrar de nuevo a nuestro territorio o merodear por la ciudad de Ilam.

Inmediatamente después, unas ásperas manos sujetaron a Sundar de los brazos y lo arrastraron por todo el mercado hacia las afueras de la cuidad.

—¡Largo de aquí y no regreses más! —dijo uno de los soldados —. Si te volvemos a ver por aquí, serás apresado.

Sundar caminó sin saber adónde ir poco más de un kilómetro. Finalmente se sentó en una roca a pensar. La gente en Ilam había estado atenta mientras él predicaba en el mercado, y estaba seguro de que, si hablaba un poco más con ellos, quizás algunos entendieran su mensaje. Sin embargo, sabía también que las amenazas de los oficiales eran serias. Si regresaba a Ilam, lo más probable es que terminara en prisión. Sin embargo, ese era un riesgo que él estaba dispuesto a correr. De pronto sintió que una profunda paz de apoderaba de él. Si era capturado y llevado a prisión, tendría la oportunidad de pasar muchos días o meses compartiendo con los presos nepalíes. Quizás Dios lo había enviado a estar entre esas personas para poder hablarles del evangelio. Con una nueva motivación en mente, Sundar recogió su manta y decidió regresar a la ciudad de Ilam.

Poco después, Sadhu Singh estaba predicando de nuevo en el mercado de Ilam. Esta vez, sin embargo, la gente escuchaba con más precaución. Sundar intuyó que quizás no querían ser arrestados por mostrar interés en una religión a la que sus líderes le tenían tanto miedo y recelo.

Solo había transcurrido unos cuantos minutos desde que Sundar comenzara a predicar, cuando un grupo de soldados apareció en el mercado para arrestarlo. Esta vez cumplieron con la amenaza y pusieron al osado predicador tras las rejas.

Una vez en prisión, lo despojaron de las vestiduras y lo pusieron contra el piso encadenado de pies y manos. Instante después apareció en su celda un soldado con un jarrón de barro. Luego de mirarlo con desprecio, el soldado vació el contenido del jarrón sobre la desnuda espalda del predicador. Sundar jadeó de la impresión cuando vio que el frasco estaba lleno de sanguijuelas. Luego su impresión se transformó en un estremecimiento de dolor cuando las sanguijuelas empezaron a incrustarse en su espalda para chupar la sangre.

Era tanto el dolor que Sundar empezó a morderse los labios en un intento por atenuar el suplicio de las mordeduras, mientras le pedía a Dios que le diera fuerzas para soportar semejante tortura. Sin embargo, las sanguijuelas no era la única tortura que los soldados le tenían preparada. De pronto una frenética multitud se había agolpado afuera de su celda instigada por los soldados para insultarlo, al tiempo que le lanzaban todo tipo de basura, como frutas podridas o cualquier otra cosa que tuvieran a su alcance.

Después de dos horas de maltratos y abusos, el dolor de las sanguijuelas por fin empezó a disminuir y una suave sensación de paz se apoderó de él. En agradecimiento, Sadhu Singh comenzó alabar a Dios.

A medida que el sonido de su voz llenaba la celda, la turba embravecida golpeó más fuerte los barrotes de su celda. Fue entonces cuando Sundar pensó que tenía ante sí una oportunidad inmejorable para predicarles acerca de Jesucristo. Para sorpresa suya, la multitud comenzó a calmarse y a prestar atención a sus palabras con una expresión en sus rostros que denotaba confusión y duda.

—Sé lo que están pensando —dijo—. Tienen temor, y se están preguntando qué clase de poder me permite predicarles mientras mi cuerpo es devorado por las sanguijuelas y ustedes me arrojan todo tipo de vilezas. Ese poder es de Jesús, y es un privilegio sufrir por él.

Finalmente, los guardas carcelarios se cansaron de su predicación, y cuatro de ellos corrieron a la celda. Sundar podía ver el pavor en sus miradas. Sin pronunciar ni una sola palabra, soltaron sus cadenas y lo arrastraron hasta las afueras de la ciudad. Allí uno de los soldados le arrojó sus vestiduras y Nuevo Testamento, mientras le advertía que se marchara y no regresara.

Esta vez Sundar no volvió a Ilam, pues pensó que la gente ya había visto y escuchado el evangelio ese día. En cambio, mareado por la pérdida de sangre causada por las sanguijuelas, Sundar se alejó tambaleante del pueblo y comenzó su largo y penoso trayecto de regreso a casa.

Una vez que hubo cruzado la frontera de regreso a India, se encontró con un hombre llamado

Tharchin, el cual era un tibetano cristiano que había trabajado con los misioneros moravos. Sundar estaba feliz de encontrarlo. Tharchin lavó su adolorida espalda con yodo y lo cuidó hasta que se recuperó de su calvario en Ilam.

A pesar de que Sundar sintió mucho dolor durante varios días, consideró su primer viaje misionero a Nepal como un rotundo éxito. Mientras pensaba en los cientos de personas que habían escuchado acerca de Jesús por primera vez, decidió que un día volvería a ese país para continuar predicando el evangelio.

Capítulo 11

Hacia el sur

Aunque algunos cristianos, tanto indios como europeos, le preguntaban a menudo a Sundar si podían acompañarlo en alguno de sus viajes misioneros al Tíbet, él por lo general les decía que no. Sin embargo, en abril de 1917, Sadhu Singh finalmente aceptó emprender viaje desde Dehra Dun hacia el Tíbet con cuatro compañeros más: dos europeos y dos indios. La intención era llegar a un área desértica del Tíbet conocida como Kailash. La primera parada, a dieciséis kilómetros al norte de Dehra Dun, fue Mussoorie. Si bien era un ascenso exigente y sin descanso, el hermoso paisaje primaveral hizo que Sundar disfrutara la travesía. No obstante, cuando llegaron a Mussoorie, dos de los hombres estaban tan exhaustos, que decidieron que no tenían fuerzas para continuar. Sundar se sorprendió, ya que sentía como si se hubiera tratado de un corto paseo.

Los tres hombres restantes, el maestro escolar Alexander Judson, el capellán indo-cuáquero del hospital de leprosos Mohan Lal y Sundar continuaron el viaje a la mañana siguiente. El terreno se hizo más irregular y accidentado a medida que ascendían hacia el Himalaya. Además, la temperatura cayó casi veinte grados, cuando los sorprendió una ventisca de nieve, empapándolos hasta los huesos en cuestión de segundos. A medida que ascendían en la escalada, la lluvia dejaba de ser aguanieve para tornarse en nieve pura. A pesar de que Alexander y Mohan llevaban pesadas y acolchonadas chaquetas y botas de cuero para escalar, ambos hombres tiritaban de frío. Continuamente se quejaban de que sus pies se estuvieran entumeciendo, mientras que los pies descalzos de Sundar permanecían en perfectas condiciones. Incluso cuando uno de sus pies se atascó en una afilada roca y sangró, Sundar casi no sintió dolor. Al parecer los arduos años de caminatas habían encallecido sus pies haciéndolos inmune a cualquier sendero o trocha.

Finalmente, Alexander y Mohan le dijeron que no podían continuar y le pidieron a Sundar que les indicara el camino de regreso a Mussoorie. Sundar accedió, pues sabía que sus compañeros no estaban en condiciones de seguir. Cuando regresaron a Mussoorie, Sadhu Singh se ofreció llevarlos al Tíbet por una ruta diferente y menos ardua, pero los hombres estaban demasiado exhaustos como para continuar.

Al día siguiente, Sundar partió nuevamente hacia el Tíbet, esta vez solo. Poco después otro viajero tibetano se le unió a la marcha, y ambos hombres caminaron en cordial silencio hasta coronar la cima y sus gélidas corrientes de aire a casi cinco mil kilómetros de altura para luego emprender el descenso desde las alturas del Himalaya.

De pronto, a mitad de camino, el clima se tornó mucho más frío. Sundar, entonces, ató su manta de algodón alrededor de su cuerpo y aceleró la marcha mientras oraba que ni él ni su compañero murieran congelados en el camino.

Sundar trataba de no mirar hacia abajo mientras se abría camino por entre el estrecho y rocoso sendero y se fijaba cuidadosamente dónde debía poner el pie para no resbalar. De pronto, al atisbar hacia el fondo del barranco, un extraño objeto color marrón y que yacía derribado sobre la nieve, llamó su atención. Al acercarse un poco para detallar mejor, descubrió que se trataba del cuerpo de un hombre. Un instante después, vio con sorpresa cómo uno de sus brazos se movía levemente. ¡Al parecer estaba vivo!

—¡Mira hacia allá abajo! —le gritó contra el aullante viento —. Al parecer un hombre se ha caído y debemos tratar de rescatarlo. Su compañero se negó rotundamente, aduciendo que podían morir si no se apresuraban a llegar cuanto antes al pueblo al final del sendero. Sundar sabía que el tibetano tenía razón. En sus anteriores viajes por las montañas, él mismo se había topado con algunos cuerpos humanos congelados debido a un repentino cambio en el clima.

Su compañero siguió caminando por la cornisa hacia el pueblo, pero Sundar se quedó atrás. Tras orar en voz alta, bajó cuidadosamente el barranco, consciente de que un simple error podía terminar en el mismo destino del hombre que intentaba rescatar.

Cuando llegó hasta el hombre, lo montó en su espalda con sumo cuidado. Luego tomó su manta, la entrecruzó alrededor de ambos cuerpos y la apretó con un nudo delantero, formando así una especie de cuna para el desconocido, similar a la que usan las madres para cargar sus hijos. Con los pies sangrando, la nieve cegadora golpeado intensamente y el ocaso de la tarde cada vez más cerca, Sundar retomó su camino a paso lento pero seguro, con el hombre a cuestas.

Para fortuna de ambos, la ventisca[1] de nieve se desvaneció aclarando la visibilidad. Fue entonces cuando Sundar pudo divisar como a doscientos metros de distancia las primeras casas de piedra de una aldea. Sadhu Singh se sintió aliviado. ¡Por fin estaban próximos a un lugar seguro! Sin embargo, el alivio le duro hasta que dio unos pasos más y divisó a un costado del camino el cuerpo congelado de su compañero de travesía. Con horror vio que los ojos del tibetano estaban completamente abiertos y que sus manos yertas permanecían adheridas a su rostro.

A pesar de la horrorosa situación, Sundar sabía que ya nada podía hacer por él y continuó la marcha. Rato después, tanto él como el hombre

1 Ventisca: Borrasca de viento, o de viento y nieve, que suele ser más frecuente en los puertos y gargantas de los montes.

que había cargado sobre su espalda, se encontraron a salvo sentados frente a una fogata de estiércol de yak, al interior de una pequeña cabaña circular. Mientras Sundar disfrutaba de una humeante taza de té, fue consciente de que él también hubiera podido morir congelado. Comprendió que lo que lo salvó de tan fatal destino fue haber cargado aquel hombre durante el complicado trayecto. Milagrosamente el contacto corporal de ambos había producido calor suficiente para combatir el feroz frío y mantenerlos mediamente abrigados. Al arriesgarse a salvar la vida de aquel hombre, Sundar, inconscientemente, había salvado también su propia vida.

El rescate del infortunado viajero marcó el inicio de otro largo verano de un pueblo a otro en el Tíbet. La noticia de su heroico rescate se extendió como pólvora por donde pasaba, haciendo que muchos desearan escuchar lo que Sundar tenía para decirles, aunque otros permanecieron hostiles. En cierta ocasión al llegar a una de las tantas aldeas por las que pasó, Sundar decidió sentarse en un tronco y cantar algunos himnos. Estaba en medio del tercer himno cuando los aldeanos comenzaron a salir de sus casas y campos de labranza atraídos por la singular melodía. Entonces un hombre de baja estatura y aspecto rudo comenzó a gritarle improperios[2]. Dado que Sundar no quiso responder, el hombre se acercó y lo empujó violentamente. Aunque él extendió sus manos para suavizar la caída, terminó de bruces

2 Improperios: Injuria grave de palabra, y especialmente la que se emplea para echar a alguien en cara algo.

contra una puntiaguda roca. Al ver que la roca le había producido una herida en la frente y en una de sus manos, se quitó el turbante y envolvió en él su mano sangrante mientras elevaba una plegaria al cielo. Luego, con sangre aun corriendo por sus mejillas, se sentó de nuevo en el tronco y continuó cantando. Al terminar, oró en voz alta y le pidió a Dios que bendijera a los aldeanos y le diera una cosecha abundante. Después se levantó y se dirigió al siguiente poblado, esperando tener un mejor recibimiento.

Se acercaba el otoño, y no había nuevos conversos, pero, aun así, Sundar sentía que había invertido bien su tiempo. Con la satisfacción del deber cumplido, emprendió su camino de regreso a India a través de la cordillera. A su llegaba a Simla, lo esperaba una gran pila de correos. Dentro de ellos estaba la copia de un boletín cristiano llamado *Nur Afshan*. El propósito de este boletín era animar a otros cristianos del norte de India a vivir su fe libremente. Mientras hojeaba la publicación, una carta al editor llamó su atención:

> Soy un empleado del Departamento Forestal. En el mes de mayo caminaba por un sendero en las altas montañas cuando vi a un Sadhu con una manta en sus hombros y un par de libros entre manos. Entonces decidí seguirlo. El Sadhu caminó hasta llegar a una aldea donde se sentó en un tronco y comenzó a cantar. Cuando la gente del pueblo se dio cuenta que era cristiano, reaccionaron con hostilidad, tanto, que uno de ellos lo empujó con rabia haciendo que se golpeara fuertemente

contra el piso. El Sadhu, sin perder la compostura, vendó su mano ensangrentada con su turbante y continuó cantando alabanzas a Dios. Cuando se fue, no mostró ninguna señal de odio. De hecho, oró pidiendo bendición para todos.
Después de permanecer en esa aldea por algún tiempo, puedo asegurarte que la impresión que dejó el Sadhu en dicha comunidad fue tan profunda, que el hombre que lo empujó ahora es cristiano y se ha bautizado. Escribo para pedirle a los lectores que oren por mí, para poder tener el valor de confesar mi fe libremente.

Firma,
E. Das.

Mientras Sundar leía, recordó el incidente y agradeció a Dios que su sufrimiento hubiera causado que otros quisieras volverse cristianos.

Para él, dos nuevos creyentes en Cristo como resultado de sus arduas jornadas en el Tíbet, hacían que las dificultades del viaje valieran la pena.

Pero aquella no fue la única carta que lo sorprendió. Mientras revisaba la correspondencia se topó con una carta de su padre. Emocionado por tantos años sin saber nada de su familia, Sundar empezó a leer la carta con avidez[3].Tras leer el saludo con que Sher Singh encabezaba la carta, leyó con menos entusiasmo la exigencia de su padre para que regresara a Rampur, pues había escogido una novia para él. Su padre además le decía que había construido habitaciones extras en

3 Avidez: Ansia, codicia.

la casa para que él se mudara y comenzara una familia. Sundar dejó la carta a un lado, con mucha tristeza. Por un instante pensó en la edad de su padre y se preguntó si alguna vez Sher Singh comprendería la vida que su hijo menor había escogido.

Entre el montón de cartas que le quedaba por leer, varias habían sido enviadas por personas del este y oeste de la India para solicitarle que visitara sus iglesias y predicara en sus grupos religiosos. Al examinar de donde provenían las cartas, se sorprendió de lo lejos que había llegado su fama. Una de las cartas estaba firmada por un hombre indio cristiano que había conocido antes. En ella el remitente le decía que se había tomado la libertad de escribir sobre su vida y enseñanzas y que, incluso, había impreso un folleto al respecto, el cual se estaba vendiendo muy bien. En ese momento Sundar comprendió porqué recibía tantas cartas provenientes de toda India. La gente leía el folleto y quería conocerlo. Sin embargo, la idea de viajar por fuera del norte de India no le llamaba la atención. Él sentía que su propósito principal en la vida era inspirar a los cristianos del norte del país a realizar viajes misioneros al Tíbet y Nepal. Todo lo demás le parecía una distracción innecesaria.

Sin embargo, en diciembre de ese año, Sundar se encontró seriamente reconsiderando su determinación de permanecer en el norte. Luego de pasar una corta temporada en la cuidad de Baroda, cerca del Golfo de Cambay, planeaba regresar a Sabathu en el tren de las 5:00 a.m. de la mañana siguiente. Antes de irse a la cama, oró durante dos horas como hacía siempre. Mientras oraba, Sundar sintió que Dios le decía que, aunque ya que había viajado hacia el sur, era momento de ir un poco más abajo. Inquieto por lo que Dios le había dicho, a la mañana siguiente decidió no tomar el tren hacia el norte como había planeado. Alrededor de las 9:00 a.m. recibió un telegrama que decía: «Por favor ven al sur de India». Al ver que esa era la confirmación que estaba esperando, compró un boleto de tren hacia el sur. Y aunque no tenía ningún plan en mente, confiaba en que Dios le daría uno. Como de costumbre, partiría hacia el sur llevando consigo solo su manta, su Nuevo Testamento, y un par de libros que estaba leyendo.

India es un país enorme y diverso, que abarca más de tres mil doscientos kilómetros de norte a sur, y Sundar decidió viajar por la costa oeste hasta la cuidad de Ratnagiri. Cuando se dirigía a la estación para tomar el tren hacia Ratnagiri, se dio cuenta que en el suelo había una página suelta del evangelio de Juan. Se agachó y recogió la página para que no se le faltara más al respeto al ser pisoteada. Tras doblarla por la mitad, la guardó en su bolsillo.

Dos horas después, Sundar estaba sentado en el tren con dirección al sur. Cuando el tren se detuvo en una pequeña estación, un hombre de baja estatura y ropaje sucio subió al tren y rápidamente se ubicó en un asiento no muy lejos de Sundar. Mientras el tren retomaba nuevamente su marcha, Sundar tuvo la impresión de que sobre el hombre tenía algo extraño, que enrarecía perversamente la atmósfera del vagón. Comprendió el motivo cuando el personaje que iba sentado en la banca del frente comenzó a tener las actitudes propias de un hechicero y, sobre todo, cuando vio que empezaba recitar todo tipo de conjuros y encantamientos. En cuestión de minutos el hombre estaba en un trance profundo. Fue entonces cuando Sundar decidió actuar.

—Tú debes ser un hechicero —dijo Sundar—. Pero conozco a uno que es más poderoso que cualquier persona que hayas visto.

—¿Quién es ese? —preguntó el hechicero con cierta hosquedad.[4]

—Jesucristo, de quien soy seguidor.

Sundar notó una mirada sombría en el rostro del hombre. El hechicero se puso de pie para sentarse de frente a Sundar.

—Muy bien —dijo el hechicero, alzando la voz para que todos lo escucharan—. Si eres su seguidor, entonces veamos quien tiene más poder. Usaré mis artilugios para dominarte y ponerte en un trance.

—Puede intentarlo si quiere, pero no le servirá de mucho —respondió Sundar con naturalidad. Luego oró en voz baja con tranquilidad.

Durante la siguiente media hora el hechicero enfocó toda su atención en Sundar, recitando toda clase de encantamientos y hechizos mientras trataba desesperadamente de ponerlo en un trance. Sin embargo, Sundar permaneció completamente despierto y consciente de que todos los ojos

4 Hosquedad: Hosco. Ceñudo, áspero e intratable.

en el tren estaban ahora centrados en él y en el hechicero.

Finalmente, el hechicero levantó la vista.

—Tienes un libro en tu bolsillo que impide que mi hechizo funcione —declaró.

Sundar se metió la mano en el bolsillo y sacó el Nuevo Testamento y lo dejó en el asiento de al lado.

El hechicero volvió a sus encantamientos. Pero después de unos minutos se detuvo y dijo:

—Todavía hay una página del libro sagrado en tu bolsillo que está bloqueándome.

Una vez más, Sundar buscó en su bolsillo, hasta encontrar la página doblada del evangelio de Juan que había recogido del suelo. Luego de sacarla la puso encima del Nuevo Testamento.

De nuevo el hechicero retomó su misión de poner a Sundar en trance. Pero nuevamente la tarea le resultó infructuosa. Entonces dijo que la túnica de Sundar estaba impidiendo su propósito. Sundar procedió a quitársela quedando únicamente con el dhoti y el turbante puestos, mientras que el hechicero entonaba sus encantamientos con más fuerza. Sin embargo, el apesadumbrado brujo falló nuevamente.

—Veo que estás impregnado de un misterioso poder —dijo finalmente el hombre.

—Eso es correcto —dijo Sundar—. Es el poder de Jesucristo, contra el que tu maldad es sencillamente impotente.

Sundar procedió a explicarle al hechicero el evangelio y cómo el poder de Jesucristo es capaz de cambiar las vidas de las personas. El brujo, consciente de que se había encontrado con un poder espiritual más fuerte que el suyo, escuchó con atención, en tanto el resto de viajeros guardaba silencio.

Finalmente, Sundar arribó a Ratnagiri, donde una multitud de personas lo esperaba con ansias de escucharlo. Pronto Sadhu Singh estaba predicando a las multitudes que acudían a escucharlo. Al principio Sundar estaba más que sorprendido por toda la expectativa que había generado su presencia en Ratnagiri. Y aunque sabía que las noticias sobre él y su ministerio se habían extendido más allá del norte de la India, no se esperaba que tanta gente estuviera tan interesada en sus logros ministeriales y en lo que tenía para decirles. Aprovechó la oportunidad para desafiar a los cristianos que acudieron a escucharlo y hablarles sobre la necesidad de ir a predicar a los no evangelizados. Con agrado vio cómo muchos de los que asistían a sus conferencias que no eran cristianos se marchaban con una nueva fe en Jesús.

Durante su estadía en Ratnagiri, Sundar fue invitado a asistir a tres diferentes presentaciones del coro de niñas en un internado cristiano. La primera noche, Sundar se sentó al aire libre a escuchar a las niñas cantar himnos y se envolvió una delgada bufanda alrededor de su cuello para mantener el calor corporal. La noche siguiente, cuando llegó a ver la presentación, las niñas le obsequiaron un chal de lana más gruesa. Sundar agradeció su consideración y generosidad, y se abrigó con su nuevo chal, mientras se disponía escuchar a las niñas cantar.

Sundar llevó puesto el chal el siguiente día. Pero cuando terminó la presentación, y caminaba por las calles de Ratnagiri hacia la casa donde se hospedaba, se encontró con un mendigo que temblaba de frío y trataba de calentarse junto a una débil fogata. Sin pensarlo dos veces, Sundar se despojó del chal con el que se cubría los hombros, lo puso alrededor del hombre, y continuó su camino.

Al día siguiente se organizó una reunión especial para que todos los abogados en Ratnagiri vinieran a escuchar a Shadu Singh. Esa noche se reunieron alrededor de trescientos abogados en compañía de sus esposas e hijos. Sundar les narró su testimonio de vida y cómo las cosas habían cambiado drásticamente para él después de convertirse en cristiano. Posteriormente desafío a la audiencia presente a seguir su ejemplo.

Al término de la reunión, tres de los abogados que habían escuchado su mensaje corrieron a postrarse en el piso polvoriento frente a él como una señal de respeto.

—No hagan eso —dijo Sundar tratando de ayudar a los hombres a ponerse en pie. Pero al dejar el lugar, las mujeres y niños que habían asistido a su conferencia lo rodearon mientras intentaban tocar la cabeza de sus hijos con su bufanda y otras tocaban su túnica con reverencia. Esto perturbó a un misionero asistente. Cuando la multitud se dispersó le preguntó a Sundar:

—¿Por qué permites que te reverencien de esta manera?

—No deseo que me reverencien. Sencillamente lo hacen para demostrarme su amor —respondió Sundar.

—Sí, pero ese honor le pertenece a Jesucristo, no a ti —dijo el misionero.

Sundar miró fijamente al misionero por un instante. Luego procedió a explicarle:

—Bueno, Sahib, le diré por qué lo recibo y lo acepto. Mi amado Jesús llegó a Jerusalén montado en un asno. Al verlo llegar, las multitudes corrieron a él mientras se despojaban de sus vestiduras y las arrojaban a su paso. Sin embargo, fue el asno quien pisó aquellas vestiduras, no Jesús. El asno tuvo ese honor porque cargaba a Jesús sobre sus lomos. Yo soy el asno. La gente no me honra por mi bondad, sino porque predico a Cristo.

El misionero asintió, satisfecho con su respuesta, y se marchó.

Luego de su exitosa estadía en Ratnagiri, Sundar se dirigió más al sur. Lo primero que notó al llegar fue el excesivo calor del lugar. Sundar estaba acostumbrado a las frías temperaturas de la llanura de Punjab y el Himalaya, donde los días más calurosos, bastaba con ponerse bajo la sombra de un árbol para refrescarse. Sin embargo, el sur de la India era tan caluroso y húmedo, que no había lugar sombreado donde esconderse de la pesada viscosidad del aire. Shadu Singh se sentía tan sofocado por las altas temperaturas del lugar, que incluso llegó a escribir una carta a uno de sus amigos del norte para decirle que se sentía como un terrón de sal disuelto. A causa del excesivo calor, Sundar pronto supo que necesitaba descansar más de lo habitual. Aun así, se mantuvo ocupado lo más que pudo predicando el evangelio a cualquiera que se cruzaba en su camino.

Mientras permaneció en el sur de India, Sundar tuvo la oportunidad de compartir con cristianos de la Iglesia siria[5], cuyos orígenes se remontan al siglo primero, cuando, según cuenta la historia, Tomás, uno de los discípulos de Jesús, llegó hasta ese lugar para predicar el evangelio y establecer una iglesia. Aunque Sundar estaba intrigado por la antiquísima[6] historia de la iglesia en ese lugar, también se sentía decepcionado de cómo dicha iglesia había olvidado el mensaje central del evangelio. Su decepción lo llevó a que durante una reunión de jóvenes de la iglesia siria los desafiara con las siguientes palabras:

> «Oh jóvenes, despierten y vean cuántas almas se pierden diariamente alrededor de ustedes. ¿Acaso no es su labor procurar su salvación? Sean soldados valientes de Cristo, y anden revestidos con la armadura de Dios para que puedan hacer frente a las artimañas del diablo y la victoria sea de ustedes. Recuerden que Cristo les ha dado la valiosa oportunidad de ser salvos para llevar a otros a salvación. Sin embargo, si descuidan una salvación tan grande, quizás no vuelvan a tener otra

5 Iglesia Siria: Iglesia católica oriental de Antioquía.
6 Antiquísimo (a): De muy antiguo.

oportunidad de pasar por el campo de batalla. El día se acerca rápidamente en el cual verán a mártires en su gloria, aquellos que dieron su salud, riquezas, y sus vidas para llevar a otras almas a Cristo. Ellos hicieron mucho, a fin de que nosotros no nos avergoncemos en aquel día».

Sundar se preguntaba si su mensaje había sido bien recibido. Y obtuvo la respuesta en la reunión siguiente, cuando llegaron veinte mil personas a oírlo predicar. Sin embargo, para la tercera reunión fueron alrededor de treinta y dos mil cristianos sirios los que se reunieron para escucharlo.

Finalizada su estadía en el sur, Sundar se dirigió a la ciudad de Madrás, ubicada en la costa suroriental de la India, donde recibió el Año Nuevo de 1918. Aunque no conocía a nadie en la ciudad, pronto se vio inmerso en un torbellino de reuniones y sermones. Aunque la mayoría se realizaban en iglesias tradicionales, sin importar donde fuera Sundar, su presencia atraía a las multitudes. Como resultado, muchas veces tuvo que predicar bajo la sombra de las palmeras, en las afueras de los templos hindúes o incluso en las secas riberas de los ríos. Independientemente del lugar, las multitudes siempre oscilaban entre las quinientas y las diez mil personas que se reunían para escuchar las predicaciones de Sadhu Singh.

La gente parecía particularmente impresionada con la simpleza de las ilustraciones que Sundar utilizaba para explicar sus puntos de vista en las predicaciones. En una de ellas, Sundar les dijo que no podían lidiar con el pecado simplemente limpiando las prácticas externas de sus vidas. Ilustró este punto diciendo: «En cada casa hay arañas. Muchos de nosotros, en nuestro vano intento por deshacernos del pecado, somos como algunas amas de casa que destruyen las telarañas, pero no las arañas».

En otra predicación alguien del público le preguntó:

—¿Cómo pueden mis oraciones ayudar a alguien si soy pecador?

Sundar le respondió:

—Aunque el sol evapora el agua salada del mar, la devuelve en forma de lluvia limpia y pura. Dios hace lo mismo con nuestras oraciones.

Siempre después de cada predicación una multitud seguía a Sundar para hacerle preguntas y pedirle que les explicara más sobre Jesús. Sundar, por su parte, se esforzaba al máximo por atender a cada uno. No era extraño que algún prominente hombre hindú lo despertara en medio de la noche para hablar con él acerca de Jesús, aunque lo hacían con miedo y recelo de que los vieran hablando con un Sadhu cristiano. Sundar siempre los recibía en su cuarto y respondía amablemente a cada una de sus preguntas.

Pero no eran solo los curiosos los que lo mantenían despierto en medio de la noche. A menudo Sundar permanecía en vela orando, a fin de ganar fortaleza espiritual para el día siguiente.

El estilo de vida simple y su predicación directa, no solo llamaba la atención de las multitudes, sino también de los medios de comunicación. En cierta ocasión mientras permanecía en Madrás, un reportero del periódico local asistió a una de sus reuniones con el propósito de hacerle una reseña periodística. A la mañana siguiente, el anfitrión de Sundar le leyó un extracto de lo que el reportero había escrito en el periódico. Según el artículo, Sundar era:

> Un joven alto que impartía su mensaje con la pasión de un profeta y el poder de un apóstol, mientras la audiencia permanecía atenta a cada palabra suya y sin despegar su mirada un instante de su imponente figura. Ciertamente Sadhu Singh fue totalmente diferente a cualquier imagen mental preconcebida e incomparablemente superior a todo lo que había pensado de él. Mientras escuchaba las dulces palabras fluir de labios del Shadu —quien posaba frente a mí como un símbolo visible de la cultura espiritual oriental, pero encendido por la flameante llama del evangelio o cual la más hermosa vasija de arte oriental escogida por Dios y llena de su Espíritu— mi escepticismo se fue disipando como la niebla antes del amanecer, haciendo que mis sueños más íntimos bordearan los límites mismos de la realidad. Sin lugar a dudas el problema del cristianismo en India ha sido resuelto y Shadu Singh es el responsable.

Sundar sintió que se sonrojaba mientras le leían el artículo del periódico. Ciertamente no se veía a sí mismo de esa manera. Él era simplemente un joven obedeciendo el llamado ceñudo, áspero e intratable que Dios había puesto en su corazón. Y así se lo hizo saber a su anfitrión:

—No pretendo atraer a ningún hombre hacia mí, sino solo mostrarles un destello del Dios al que sirvo. Jesús les dijo a sus discípulos que, si ellos predicaban su nombre por toda la Tierra, él atraería a la humanidad hacia él. Alabado sea Dios porque eso es cierto.

Cuando su estadía en Madrás llegaba a su fin, Sundar aguardó expectante su regreso al norte de India para preparar su viaje al Tíbet para pasar otro verano con los tibetanos. Sin embargo, esos planes tuvieron que esperar. Aún había más gente en el sur de India y más allá que deseaban tener la oportunidad de conocer y oír al Sadhu Sundar Singh.

Capítulo 12

Al Tíbet una vez más

Como había tantas personas que querían conocerlo y escucharlo predicar, Sundar decidió pasar cuatro meses más viajando por Vellore, Trichur, Calicut y varias ciudades pequeñas del sur de la India. Sin embargo, al terminar este tiempo Sundar estaba demasiado cansado y sentía como si le hubieran sacado cada gramo de fuerza. Debido a esto, aceptó la invitación de un abogado cristiano para pasar un mes de descanso aislado en su casa de verano en las montañas.

Mientras permanecía allí, invirtió varias horas aprendiendo inglés. Se había dado cuenta que una de las cosas que más lo agotaban al predicar en el sur era hablar indostano y luego tener que esperar que lo tradujeran al tamil u otro idioma del sur de India. Debido a que mucha gente en el sur hablaba inglés, Sundar anhelaba poder comunicarse con ellos directamente en este idioma. Incluso si esto no ocurría, sabía que sería mucho más fácil encontrar a alguien que pudiera traducir su precario inglés a otro idioma, que dar con un buen traductor de indostano.

En la casa de verano de su amigo abogado también se puso al día con su correspondencia. Muchas de las cartas que recibió fueron sumamente alentadoras. Una de ellas decía: «*Desde que dejaste Calicut, miro con gratitud esos días que estuviste con nosotros. La semana pasada un joven musulmán vino a decirnos que había decidido ser cristiano después de escucharte*».

Otra de las cartas de Calicut decía: «*Durante tu estadía en Calicut el subdirector de la oficina de correos te escuchó, o la voz de Dios a través tuyo. Unos días más tarde vio a Jesús hablándole en un sueño. Desde entonces viene todos los días a leer la Escritura conmigo. Dice que quiere ser bautizado y seguir enteramente Cristo*».

Cuando la gente de los alrededores supo que Sundar se estaba hospedando cerca de ellos, comenzaron a visitarlo para hacerle preguntas o ver qué aspecto tenía. Uno de los hombres que lo visitó era un juez. Parecía preocupado y Sundar lo invitó a sentarse con él en el patio trasero. Ambos empezaron a conversar, y el juez dijo:

—Sadhu, sé que tu tiempo es muy valioso y prometo no quitarte mucho. He dedicado mi vida al estudio de las religiones y existe un problema que ninguna de ellas ha podido resolver. Por lo tanto, me gustaría conocer tu opinión al respecto.

—Pregunta lo que quieras —dijo Sundar— y te diré si mi Señor Jesús me ha dado algún entendimiento en ese sentido.

El magistrado contínuo —Cada día nacen miles de hombres y cada día miles de ellos mueren. ¿En que se beneficia Dios con esto? Me inclino a creer que esto no tiene ningún sentido trascendente, sino que los diversos elementos se unen y luego se disuelven como un simple proceso de la naturaleza.

Sundar meditó por un momento y luego respondió:

—Sahib, evidentemente eres un hombre culto y yo no. Así que no estoy seguro de poder satisfacerte con mi respuesta; aun así, con la gracia que Dios me ha dado intentaré responder a tu pregunta. Hace un tiempo atrás permanecí sentado meditando en lo alto de una colina por algunos meses. En el valle que había más abajo vi algunos agricultores ocupados en la labranza día tras día. Primero vi que araron los campos y luego los abonaron. Cuando vinieron las lluvias, sembraron las semillas. Éstas dieron frutos y las plantas comenzaron a crecer. Entonces los agricultores regaron y desyerbaron las plantaciones. El maizal produjo espigas, luego hojas y por último empezó a formarse el anhelado fruto. A medida que el maíz maduraba, los labriegos se turnaron entre sí para recorrer el campo durante la noche y así asegurarse de que ningún hombre o animal salvaje fuera a comerse el maíz casi maduro. Un día, sin embargo, terminó el periodo de cuidado del maizal y los agricultores sacaron sus guadañas y comenzaron a cortar las mazorcas del maíz, las cuales habían cuidado con tanto esmero todo este tiempo. Las plantas perfectamente podrían haber preguntado: ¿Cuál es el beneficio de esto? ¿Por qué los agricultores nos cuidaron tan bien y luego nos cortan así? Pero ya ves, mi querido amigo, las plantas ignoraban lo que sabían los agricultores. Del mismo modo puede que ni tú ni yo sepamos por qué nacemos y por qué morimos, pero Dios sí lo sabe.

El juez asintió.

—Lo que has dicho es cierto, Sadhu, ahora tengo mucho que pensar.

Esa noche y las que siguieron, Sundar le pidió a Dios que el juez pudiera entender el propósito de su vida.

Después de seis semanas de descanso, Sundar recibió una invitación de un ministro metodista para ir a Ceilán a predicar. Un boleto para el corto viaje hacia Ceilán venía con la invitación, y Sundar acepto ir.

En Uduvil, Ceilán, los estadounidenses de la misión metodista se apuraron a construir una enramada con hojas de coco y enviaron invitaciones para que la gente viniera a escuchar a Sundar. Cuando este llegó, se encontró con dos mil personas esperándolo, entre los que había adultos, niños, cristianos, hindúes y budistas deseosos de escuchar su mensaje.

Cada predicación en Ceilán atraía más y más gente, y muchos comparaban a Sundar con Jesús y su errante ministerio. Un grupo de hombres jóvenes seguía a Sundar de un lugar a otro, haciéndole preguntas y queriendo que él orara por ellos.

En una ocasión, Sundar se encontraba sentado meditando bajo un árbol cuando se le acercó un noble.

—Sadhu, tú eres en quien todos están interesados. ¿Puedo sentarme a conversar contigo? —preguntó el noble.

—Sí, por supuesto —respondió Sundar.

El noble se sentó en el suelo frente a Sundar con las piernas entrecruzadas.

—Has probado que puedes atraer a personas de cualquier religión —comenzó diciendo el hombre—. Y has demostrado que hay un poco de verdad en cada religión y que todos los caminos conducen a Dios. Aunque el emperador Akbar construyó un gran templo para todas las religiones hace cuatrocientos años, y Gurú Nanak, fundador de la religión sikh, descubrió verdades entre las religiones hindúes y musulmanas, creo que ha llegado el momento de otro gran profeta, un gurú que rendirá a sus pies a toda India. Sin embargo, hay errores que deben corregirse en todas las religiones para que la auténtica verdad pueda surgir. En ese sentido, lo que se necesita es un maestro que sea capaz de reunir lo mejor de cada religión y desechar todo lo indigno. En esta nueva religión Jesús será la mayor revelación de Dios que el mundo haya visto, aunque el hinduismo, el islam y el budismo no serán desacreditados ni desechados. Claramente tú, Sadhu Sundar Singh, serías el profeta ideal de esta nueva versión de Jesús. Por ende, pasarías a la historia como un profeta mucho más grande que Gurú Nanak o los hombres santos del hinduismo, o incluso del mismo Mahoma.

Sundar permaneció mirando fijamente al hombre durante un buen rato. Finalmente dijo:

—Has sido enviado para ponerme a prueba y tentarme apelando a mi orgullo. Pero tu treta no funcionará. Si realmente me conocieras y las cosas que enseño, sabrías que predico únicamente de Jesús. Él es la única y verdadera manifestación de Dios. Él es el único que puede guiar a los hombres a la luz en Dios. Todas estas otras religiones de las que hablas pasarán, pero Jesucristo permanecerá por siempre. Yo soy su siervo y no busco glorificarme a mí mismo. Actúo únicamente de acuerdo a lo que Dios me guía a hacer y considero de sumo gozo el sufrir todo tipo de privaciones con tal de servir al Señor. Ahora vete; tu tentación no tiene ningún poder sobre mí. Estoy más que satisfecho con lo que el Padre celestial me ha dado y solo busco su gloria y la de nadie más.

Al escuchar esto, el noble se puso en pie sin pronunciar palabra y se marchó. Sundar siguió sentado bajo el árbol hasta que oscureció, pensando en el orgullo y lo fácil que este podría entrar en su corazón y desviarlo de su llamado, si no estuviera constantemente protegiéndose de él.

Sundar regresó a la India desde Ceilán en julio y viajó al noroeste, a Bombay para asistir a una conferencia. Después se dirigió al este hacia Calcuta. Cuando llegó allí, contrajo un tipo de gripe severa, el mismo tipo de gripe que había barrido al mundo al final de la Gran Guerra en Europa, dejando millones de personas muertas a su paso. Sin embargo, Sundar no tenía miedo. Por el contrario, oró y se encomendó en las manos de Dios. Y aunque estuvo bastante enfermo, no murió. Mientras se recuperaba, agradecía a Dios por la oportunidad de descansar y tener más tiempo para orar.

Aunque a Sundar le hubiera gustado volver a la región del Himalaya después de recuperarse de la influenza, sintió que Dios lo estaba llamando a ir aún más lejos. Esta vez su destino era Birmania, en el lado oeste del Golfo de Bengala[1]. Sundar realizó su primer viaje por mar para llegar a Birmania (actualmente Myanmar) y disfrutó mucho de la experiencia. Estar lejos de tierra firme y rodeado del mar era una sensación muy diferente a escalar altas y rocosas montañas para llegar hasta donde debía ir.

Sundar llegó a Rangún, Birmania, renovado y preparado para predicar. El obispo Lefroy había llegado antes y organizó una serie de reuniones bajo el auspicio de la Iglesia Anglicana. Tal como había ocurrido en el sur de India, estas reuniones fueron muy populares y con grandes multitudes.

Al final de una de las reuniones, un hombre indio se le acercó.

—No me reconoces, ¿cierto? —preguntó el hombre.

Sundar observó al hombre por un instante y se dio cuenta que se trataba del doctor que lo había atendido luego de que sus hermanos lo envenenaran.

1 Golfo de Bengala: o Bahia de Bengala. Mar en el área noreste del océano Índico.

—¡Por supuesto que sí! —respondió Sundar—. Usted es el doctor que me ayudó en Rupar. Pero, ¿qué lo trae por aquí?

El doctor sonrió.

—Me reí cuando me hablaste acerca de la resurrección de Jesús y que su poder podía curarte, pero luego atestigüé cómo te recuperabas de una muerte segura. Cuando te fuiste, conseguí una Biblia y poco después me convertí en cristiano. Ahora vivo en Birmania y soy un médico misionero.

Sundar extendió sus manos y abrazó a su nuevo amigo en Cristo. Ciertamente se trataba de uno de los encuentros más alegres de su vida y le agradeció a Dios por utilizar una situación tan horrible para traer a otra persona a su Reino.

Las reuniones de predicación en Birmania continuaron y, como resultado, mucha gente pudo escuchar por primera vez el evangelio. Sundar estaba tan animado con la respuesta de las personas de este lado del Golfo de Bengala que decidió continuar su viaje hacia Singapur.

En Singapur, Sundar se encontró con un nuevo desafío. Por primera vez no pudo encontrar un intérprete capaz de traducir sus palabras del indostano a los distintos dialectos locales. Fue desalentador, hasta que comprendió que era una oportunidad que Dios le estaba dando para superar su temor a predicar en inglés. Aunque al principio Sundar sintió que sus palabras eran torpes y lentas, con cada sermón su comprensión del lenguaje fue mejorando hasta que se sintió seguro hablando inglés. Esto fue alentador para Sundar, ya que el inglés era considerado como el idioma internacional de Asia.

Contento por el éxito de sus predicas en Singapur, Sundar decidió continuar hacia el norte por la península de malaya hasta la isla de Penang, donde tuvo el privilegio de hablar con un grupo de sikhs que había venido a escucharlo predicar en la Capilla de Saint Jordi. Al final de la reunión, un hombre sikh se levantó e invitó a Sundar a hablar en el templo sikh.

Los simples mensajes de Sundar inspiraron a muchas personas en Penang, tanto, que incluso el jefe de la policía vino a escucharlo predicar y luego dio mediodía libre a su personal policial para que asistieran y escucharan lo que Sundar decía.

De Penang Sundar regresó a Singapur, desde donde viajó a Japón a pedido de un obispo japonés. Si bien los grupos que allí venían a escucharlo eran más pequeños que en otras partes de Asia, a Sundar no le importaba. Con el mismo entusiasmo que predicaba siempre, enseñó en Kobe, Osaka, Kioto y Tokio, confiando en que Dios traía a las personas indicadas para escuchar su mensaje.

Impresionado por todos los lugares donde había tenido el privilegio de predicar, Sundar dejó Japón para dirigirse a China, donde tuvo la oportunidad de predicar en Shanghái, Nanjing, Pastringfu y Pekín. Donde fuera que iba, la gente le pedía que se quedara más tiempo, y Sundar se avergonzaba por las cosas que escribían sobre él. Con atención leyó un artículo de un periódico local lo siguiente:

> Su llegada fue muy oportuna, y confío en que le haya dado a la congregación de la Catedral de Pekín un gran impulso. Fue bueno ver a un metodista traduciendo para el Sadhu en la Catedral, la cual estaba más llena de lo normal en un domingo. Aunque la reunión del lunes fue anunciada de manera repentina, la iglesia se llenó hasta el tope. Su forma sencilla de explicar las cosas en inglés es muy similar al modelo de los evangelios.

Tanto en Japón como en China Sundar quedó gratamente impresionado con la cantidad de personas que se convirtieron al cristianismo al escuchar su predicación. Comprendió que esto se debía a que ninguno de esos países cargaba con el lastre de un sistema de castas como el que dominaba la sociedad india. Al estar libres de ese sistema, las personas eran libres de tomar sus propias decisiones. Sundar sintió profunda aflicción por el efecto paralizante que el sistema de castas tenía en su tierra natal.

Desde China, Sundar esperaba poder viajar a una parte diferente del Tíbet, pero dado que los chinos y los tibetanos estaban en guerra, pronto se dio cuenta que eso no sería posible y que tendría que entrar al Tíbet a través de la India.

A su regreso a la India, Sundar predicó en una reunión organizada en el auditorio de celebraciones de Madrás. La noticia de su regreso se expandió como fuego y cuatro mil personas acudieron a la primera reunión para escuchar la predicación de Sundar. El texto elegido como base de mensaje fue «Y me seréis testigos tanto en Jerusalén, en todo Judea, en Samaria, y hasta lo último de la tierra», de Hechos 1:8.

Cuando terminó de describir algunas de las experiencias de su reciente viaje, Sundar concluyó su predicación diciendo: «Mi próximo destino es el Tíbet. Y aunque aún es muy incierto mi regreso allí, lo único seguro de este viaje son los peligros que me esperan. Por lo tanto, si no los vuelvo a ver en este mundo, espero que nos encontrarnos en el cielo en medio de la revelación de una nueva vida. Me despido hasta que nos volvamos a ver».

Cuando Sundar bajó del púlpito, un hombre puso una bolsa de monedas en sus manos, pero Sundar se la devolvió inmediatamente.

—Hermano —dijo—, Dios me ha llamado a una vida de pobreza y una dependencia absoluta de él. Así como Jesús les encomendó a sus discípulos no llevar nada de dinero con ellos, me ha encomendado a mí.

El hombre se sorprendió de que Sundar lo dejara con las manos extendidas. Sin embargo, el hombre no aceptó un no por respuesta y siguió a Sadhu Singh hasta la estación de trenes. Cuando el tren iniciaba su marcha, el hombre lanzó la bolsa por la ventana. «¡Esto es para ti!», le gritó el hombre mientras el tren se alejaba rápidamente de la estación, haciendo que Sundar no pudiera devolverle el dinero.

En la siguiente estación, Sundar tomó la bolsa de monedas, salió del tren y fue directo a buscar un mendigo. Cuando finalmente encontró uno vestido con harapos, dejó caer la bolsa en el cuenco del menesteroso. El mendigo miró asombrado mientras desanudaba la bolsa para ver lo que había dentro. Tras corroborar semejante dádiva, se inclinó ante Sundar para besar sus pies, pero este le indicó que no lo hiciera.

—Libremente recibí, libremente doy —le dijo al hombre con una sonrisa antes de volver a subir al tren para continuar su viaje hacia el norte a sus amadas montañas.

Aunque Sundar estaba ansioso por regresar al Tíbet, permaneció en reposo por un tiempo en Kotgarh mientras esperaba que sanaran las cortaduras que tenía en sus pies. Una vez que sus pies estuvieron los suficientemente sanos, retomó su camino en compañía de un tibetano cristiano llamado Tnaniyat.

Los hombres comenzaron el empinado ascenso y cruzaron el Paso Hangpu La. Fue un cruce difícil, Sundar anotó en un diario:

> A una altura de 4000 metros, dormimos al aire libre, cuando el frío era tan intenso que hacía aflorar todos nuestros terrores, mientras nos entumecíamos por completo. Cayó una fría y torrencial lluvia durante toda la noche, y en medio de un frió que traspasaba nuestros cuerpos nos guarecimos[2] bajo una sombrilla. Este es un lugar peligroso, ya que muchos han muerto en la nieve.
>
> El 15 de julio llegamos al paso de Hangpu La, ubicado a casi 6000 metros de altura, donde nos topamos con los cadáveres de tres

2 Guarecimos de guarecer: Refugiarse en alguna parte para librarse de un daño o peligro, o de las inclemencias del tiempo.

hombres que habían muerto a causa del inclemente frío. A esta gran altura apenas si podíamos respirar, nuestras cabezas y pulmones estaban adoloridos, y los latidos de nuestros corazones rugían como un tren a punto de descarrilarse. Cerca de allí hay un gran glaciar en el que muchas personas han perdido sus vidas y sus cuerpos jamás han sido encontrados. Gracias a Dios logramos pasar este horrible lugar sanos y salvos.

Al día siguiente Sundar y Tnaniyat comenzaron el descenso del paso montañoso hacia el Tíbet, hasta que llegaron a un pueblo llamado Mudh, donde el jefe local los invitó a hospedarse en su casa. El jefe del pueblo también invitó a un prominente lama a cenar con ellos esa noche y Sundar se maravilló de la inusual apertura del lama. A diferencia de la mayoría de los lamas tibetanos que había encontrado anteriormente y que siempre habían estado ansiosos por dictarle una sentencia de muerte o imponer algún castigo horrible, este lama hacía muchas preguntas sobre Jesucristo y lo que significaba convertirse en cristiano.

La sorprendente apertura del religioso tibetano se reflejaba en la actitud de la gente de otras aldeas que también visitaron. Esta vez, en lugar de ser expulsados de los poblados, Sundar y Tnaniyat recibían invitaciones para quedarse en el pueblo y comer y hablar con la gente. Curiosamente las amenazas en este viaje no provinieron de la gente, sino de las difíciles condiciones del terreno que los dos hombres tuvieron que afrontar para poder cruzar de una aldea a otra. Esto debido a que no había caminos seguros por donde transitar, sino senderos estrechos e irregulares que, por lo general, no llevaban a ninguna parte. Además, había innumerables ríos y arroyos que cruzar y ningún puente para hacerlo. Sundar y su compañero tuvieron que atravesar la helada e impetuosa corriente que les llegaba casi hasta los hombros.

En cierta ocasión, cuando Sundar intentaba cruzar el río Morang solo su cuerpo se puso tan rígido y entumecido que no pudo impulsarse, ya que no tuvo la energía necesaria para ponerse de pie sobre las rocas al costado del río.

Sundar daba por hecho que se ahogaría, cuando en su tercer intento por salir del río logró enganchar una de sus piernas sobre una roca y deslizarse sobre ella hasta salir del agua. Permaneció acostado hasta que se había calentado lo suficiente como para trepar por la orilla del río y continuar su viaje hacia el próximo pueblo.

En estas regiones remotas, Sundar a menudo se encontraba con ermitaños tibetanos que habían decidido aislarse del mundo exterior para encerrarse en monasterios o cuevas. Estos ermitaños habitaban lugares donde el sol no penetraba y nunca salían de ahí. En los confines de estas habitaciones, aisladas del exterior, oraban y meditaban y giraban sus ruedas de plegarias u oración.[3]

3 Rueda de plegaria: rueda cilíndrica montada sobre un eje construida de metal, madera, piedra, cuero en bruto. Tradicionalmente, en la superficie exterior se encuentra escrito el mantra en tibetano, en sánscrito. A veces posee dibujos protectores y muy a menudo los ocho símbolos *Ashta mangala*. Según la tradición budista tibetana, el hacer girar la rueda tiene el mismo efecto que recitar las plegarias.

Sundar deseaba poder hablar con estos ermitaños acerca del verdadero camino a la salvación, y un día se le presentó la oportunidad. Estaba cruzando las montañas cuando se encontró con un viejo lama budista que vivía en una remota cueva. El hombre había cerrado la entrada de la caverna construyendo un muro de piedra y dejando apenas una pequeña abertura para oxigenar su interior. El particular personaje nunca salía de la cueva y vivía del té y la cebada tostada que la gente le daba a través del pequeño resquicio.[4] Debido a que había vivido tanto tiempo en completa oscuridad, el religioso había quedado ciego.

Cuando Sundar lo fue a visitar, el ermitaño estaba orando en voz alta. Sundar esperó pacientemente hasta que este hubo terminado. Luego, a través del agujero, preguntó:

—¿Puedo hablar contigo?

Aunque estaba demasiado oscuro adentro como para distinguir al hombre, este respondió:

—Sí, por lo general acepto conversar con otras personas que están en la misma búsqueda que yo —dijo.

Sundar le preguntó:

—¿Qué has obtenido a través de la meditación y el aislamiento? Hasta donde entiendo, la religión budista jamás menciona nada sobre un Dios que escucha nuestras oraciones. ¿A quién le oras entonces?

El ermitaño respondió:

—Oro a Buda, pero no espero ganar nada orando y viviendo en aislamiento. Todo lo contrario,

4 Resquicio: Hendidura pequeña.

busco liberación de todo pensamiento egoísta. Intento lograr el *nirvana*[5], la eliminación de todo deseo o sentimiento, ya sea de paz o dolor.

El ermitaño hizo una breve pausa antes de continuar.

—Aún vivo en la oscuridad espiritual. No sé cuál sea el fin, pero estoy seguro de que todo lo que ahora me falta lo obtendré en otra vida.

—Sin duda —afirmó Sundar—, tus deseos y emociones provienen del Dios que te creó.

Fueron puestos en ti para cumplirlos, no para destruirlos. La destrucción de todo deseo no puede conducir a la liberación, solo al suicidio. ¿No están acaso nuestros deseos inseparablemente entrelazados con la continuación de la vida? Incluso la idea de eliminar nuestros deseos es inútil, pues el deseo de eliminar todo deseo es en sí mismo un deseo. ¿Cómo podemos encontrar paz reemplazando un deseo por otro? Sin duda encontraremos paz, no eliminando nuestros deseos, sino procurando su cumplimiento y obteniendo satisfacción en aquel que nos dio nuestros deseos.

—Veremos lo que hemos de ver —respondió el ermitaño con un tono de resignación.

Al final, llegó el momento para Sundar de cruzar las montañas y regresar a la India. Si bien el viaje de regreso fue tan peligroso como había sido su viaje al Tíbet, Sadhu Singh regresó sano y salvo a Simla. Desde allí inició un periplo de predicación de invierno por las ciudades y pueblos de la

5 Nirvana: En algunas religiones de la India, estado resultante de la liberación de los deseos, de la consciencia individual y de la reencarnación, que se alcanza mediante la meditación y la iluminación.

llanura de Punjab. Fue tan al este que terminó en Rampur, su pueblo natal, donde le esperaba una maravillosa sorpresa.

Habían transcurrido catorce años desde que Sundar viera a su padre por última vez. A pesar de la distancia, durante todo ese tiempo no había dejado de orar ni un solo día para que Sher Singh de alguna forma se hiciera cristiano. Con temor, Sundar se dirigió al complejo familiar en Rampur. Todavía recordaba la terrible recepción que había recibido de su padre y hermanos en su última visita y esperaba que las cosas fueran diferentes estas veces. Con lágrimas en sus ojos, Sher Singh recibió cariñosamente a Sundar en la casa. Sundar notó que había algo diferente en su padre. Pero no fue hasta que ambos se sentaron bajo la sombra de una terraza y bebieron té que Sher Singh finalmente le confesó a su hijo que él también se había convertido en cristiano hacía un año atrás. Posteriormente, le explicó a Sundar que había estado siguiendo sus viajes a través de los distintos artículos que se publicaban sobre él en los periódicos.

Un caudal de lágrimas brotó de los ojos de Sundar al recibir esta noticia. Después de tantos años de oración, Dios finalmente había respondido sus oraciones y nuevamente podía sentarse con su padre, con la novedad de que ahora ambos eran cristianos.

Al día siguiente, su padre le dijo:

—Hijo, sé que te dije que te había desheredado; pero eso fue solo para tratar de convencerte de renunciar a tu religión. El hecho es que en secreto siempre he guardado tu herencia para ti. Quiero darte una parte ahora para que puedas viajar libremente por todo el mundo predicando el evangelio a todas las naciones.

Capítulo 13

Al oeste

Sundar permaneció parado en la cubierta del barco *City of Cairo* un buen rato, observando cómo Bombay y la costa oeste de India desaparecían de vista. Era el 16 de enero de 1920, y Sundar iba camino a Inglaterra. El viaje le tomó tres semanas en las que Sundar pasó la mayor parte del tiempo en su cabina orando por la gira de charlas que le esperaba. No sabía cómo se llevarían a cabo los planes. Lo único que sabía era que habían organizado algunas reuniones para él en Inglaterra.

El *City of Cairo* atracó en Liverpool el 10 de febrero donde algunos miembros de la *Sociedad de los Amigos* o cuáqueros, como eran comúnmente conocidos, esperaban atentos su llegada. Sundar se sintió como en casa entre ellos, ya que acostumbraban a adorar en silencio igual que él. A pesar del crudo invierno de Inglaterra, Sundar se negó a usar zapatos o un abrigo hasta que alguien le hizo caer en cuenta que sus pies descalzos y embarrados molestaban a sus anfitriones, los cuales tenían que proporcionarle agua para lavarse antes de poder entrar a sus casas. Sus anfitriones también señalaron que llegar a la casa de una persona con una túnica mojada no se consideraba buena educación en Inglaterra. Entonces, para causar una mejor impresión, Sundar se compró un par de sandalias y un abrigo gris.

Por más que intentara recordarlo, a menudo Sundar olvidaba usar su abrigo. En una mañana particularmente nublada, Sundar estaba parado en una esquina esperando para cruzar la calle, cuando inesperadamente apareció de entre la niebla la mano de una mujer y le entregó una carta. La mujer comenzó a darle pequeños golpes antes de poder darse cuenta de que había confundido el brillo naranja de su túnica con el rojo del buzón.

—Señora, me encantaría poner su carta por usted en el buzón.

Sundar apenas si podía aguantar la risa ante la idea de lo sorprendida que debía sentirse la mujer al toparse con un buzón que hablaba.

Los cuáqueros llevaron a Sundar a Birmingham, donde dio una charla en el *Centro Misionero de la Sociedad de los Amigos*. Aunque aún no se sentía cómodo del todo con su dominio del inglés, se esforzaba al máximo por mejorarlo.

Desde Birmingham, Sundar viajó a la ciudad universitaria de Oxford, donde lo invitaron a quedarse con una hermandad anglicana llamada los *Hermanos Cowley*. Sadhu Singh había conocido a algunos de los miembros de la hermandad en India y le llamaba la atención el estilo de vida sencillo que llevaban. Mientras permanecía en Oxford lo invitaron a realizar una serie de conferencias en la Universidad de Balliol y la Universidad de Mansfield. Sin embargo, ver que Shadu Singh solo tenía una túnica azafranada, una sencilla manta y una Biblia, causó gran impresión en algunos de los hombres de las élites más educadas de Inglaterra. Para su tercera charla en Oxford, cientos de jóvenes tuvieron que quedarse afuera, ya que no hubo suficiente espacio en el salón para acomodarlos a todos.

Durante una entrevista que un periódico local le hizo por esos días, un periodista le preguntó a Sundar la razón de su viaje a Inglaterra.

Sundar respondió:

—Muchos indios dicen que el cristianismo no es la verdadera religión de Inglaterra y que esta no se practica aquí, sino que simplemente es un plan del Imperio para cambiar las religiones de las naciones conquistadas. Así que decidí venir a corroborarlo por mí mismo.

—¿Y qué has visto hasta ahora? —preguntó el periodista.

—He comprobado que son gente muy ocupada y que tienen tanto que hacer que no tienen mucho tiempo para pensar en la religión. Veo que hay mucho materialismo. Pero cuando visito sus casas y los conozco más a fondo, descubro que realmente sí les interesa la religión.

Después de sus exitosas reuniones en Oxford, Sundar viajó a Londres, donde se reunió en privado con el primado de la Iglesia Anglicana, El arzobispo de Canterbury. El arzobispo parecía muy impresionado con Sundar y ofreció patrocinar una serie de reuniones en Londres. La primera de dichas reuniones contó con setecientos clérigos de la Iglesia de Inglaterra que acudieron a escuchar a Sundar en la iglesia principal en Westminster llamada House Church.

Posteriormente, el 23 de marzo de 1920, un numeroso grupo de misioneros y asistentes, que representaban a muchas organizaciones misioneras en Inglaterra e Irlanda, se reunieron para escuchar a Sundar. Shadu Singh instó a la audiencia a aprender sobre las culturas en donde desarrollaban sus ministerios y a encontrar formas creativas de utilizar la mayor cantidad de aspectos de las culturas locales para presentar y explicar el Evangelio.

Mientras estaba en Londres, se le pidió a Sundar que predicara en la Capilla de Westminster. Aunque este era un prestigioso pulpito, Sundar contó las mismas sencillas historias que solía contar cuando hablaba con la gente en India.

—En cierta ocasión —comenzó diciendo— estaba sentado en una colina himalaya y miré hacia abajo y vi que había un árbol. Al fijarme en este, vi que en una de sus gajos había un nido con una ave madre que cubría a sus polluelos. Sabía que un mundo maravilloso les esperaba a esos polluelos, un mundo de aire fresco, hojas verdes y mucho sol. Sin embargo, pronto los polluelos serían lo suficientemente grandes como para dejar el nido y volar donde quisieran. Lo interesante es que ellos no sabían esto cuando rompieron el cascaron. Lo único que conocían era la cómoda vida dentro del huevo, rodeada de líquido y cuidado de la madre. Nosotros como cristianos somos así: el Evangelio de San Marcos nos dice que no estamos lejos del reino de Dios, así como los pollitos en sus huevos no estaban lejos del mundo exterior. No sabemos lo que seremos o lo que Dios tiene preparado para nosotros. Ahora, mientras todavía estemos en el cuerpo, nuestra gran necesidad es recibir el calor del Espíritu Santo.

El Viernes Santo, cinco mil personas se reunieron para escuchar a Sundar en el Tabernáculo Metropolitano de Londres. Cuando Sundar se levantó para hablar, toda la congregación se puso de pie y lo saludó con un saludo tradicional indio.

Un reportero del *London Daily Chronicle* estuvo presente en la reunión, y al día siguiente apareció un artículo suyo en ese periódico. Al igual que los demás reporteros, este tampoco entendía qué era lo que hacía a Sundar tan especial.

En su artículo el periodista concluyó: «¿Cómo es que el Sadhu ha cautivado tan abrumadoramente el mundo religioso inglés en tan solo seis semanas?... El secreto del poder de este hombre radica en su total abandono de sí mismo para dedicarse absolutamente a un ideal más elevado... Sin lugar a dudas es una perfecta demostración de que los occidentales, tan obsesionados con el espíritu materialista de la época, hemos conocido de cerca a alguien que representa la supremacía de lo espiritual».

De Inglaterra, Sundar viajó a Escocia e Irlanda. Al término de una de sus reuniones, el reverendo Kiener, un pastor suizo que estaba presente se acercó a Sundar con lágrimas en sus ojos y le dijo:

—Al verte allí parado y escucharte hablar de tu vida espiritual con tanta pasión, mientras yo permanecía rodeado de eruditos teológicos elegantemente vestidos, una pregunta cruzó por mi mente: ¿Qué buscamos con tanto estudio teológico? ¿Por qué en vez de enfocarnos en estudiar cientos de cosas irrelevantes mejor no le abrimos nuestras vidas a lo que realmente importa? ¿Qué estamos haciendo con nuestro sistema educativo? ¿Qué hemos logrado con todo esto? Mientras hombres sencillos como tú son capaces de inspirar naciones enteras, ¿nosotros qué estamos haciendo?

Sundar no se atrevió a responder. Sabía que el reverendo Kiener tenía que responder por sí mismo las preguntas que acababa de hacerse, así como todos los cristianos tenían que responderlas individualmente.

El mes siguiente, Sundar dio una charla en una gran conferencia misionera en el London's Albert Hall. Aunque diez mil personas lograron entrar al edificio para escucharlo, muchos otros tuvieron que quedarse afuera. Esto llevó a que Sundar recibiera más de trescientas invitaciones más para hablar en el Reino Unido. A pesar de la avalancha de invitaciones, Sundar las rechazó todas. Para ese instante, sentía que su tiempo en Inglaterra había terminado y que Dios lo estaba llamado a continuar su periplo por los Estados Unidos.

El 30 de mayo de 1920, casi cinco meses después de salir de India, Sundar arribó al puerto de Nueva York.

Un grupo llamado *Pond Lyceum Bureau* había ofrecido organizar una gira de conferencias por los Estados Unidos. No obstante, poco después de su desembarco, Sundar se enteró de que el *Pond Lyceum Bureau* era realmente un negocio y no un ministerio cristiano, y que el grupo pretendía ganar mucho dinero promocionando sus charlas. Sin importar lo que los demás pensaran, Sadhu Singh decidió que no podía aceptar que se hicieran negocios con sus creencias religiosas. Tras cancelar cualquier tipo de acuerdo con sus auspiciadores originales, quedó sin ningún tipo de plan en el horizonte. Luego oró y le pidió a Dios que le mostrara qué hacer.

Dos días después, conoció a un profesor cristiano del Seminario Teológico de Hartford llamado Frank Buchman. El profesor Buchman estaba tan impresionado con Sundar que le ofreció organizar una pequeña gira por el país para él y ser su compañero de viaje.

Acto seguido, Sundar compartió en iglesias en Hartford, Connecticut, Baltimore, Maryland, Boston, Massachusetts, Nueva York, Filadelfia, Pensilvania y la Universidad de Princeton, en Princeton, Nueva Jersey. Sundar también fue invitado a hablar en una conferencia para estudiantes cristianos que se llevó a cabo en Silver Bay en los alrededores de un lago en el Estado de Nueva York. Durante la conferencia habló en una reunión al aire libre en la orilla del lago. En la tarde, cuando el sol comenzaba a ocultarse, Sundar se puso de espaldas al agua y se dirigió a los ochocientos estudiantes allí reunidos:

—Aunque Estados Unidos está cerca del reino de Dios, al mismo tiempo está lejos. Piénsenlo de esta forma. Un enorme tigre perseguía a un cazador, pero el cazador no tenía miedo, ya que sabía que estaba cerca de un refugio y que tenía las llaves de dicho lugar. Sin embargo, cuando llegó a la puerta, descubrió que ya no tenía la llave. Lo único que lo separaba de estar a salvo, era la puerta. Sabía que no tenía salida. Muchos estadounidenses son como el cazador. Si bien saben dónde está la salvación, no se deciden tomarla.

Después de la conferencia de estudiantes en Silver Bay, Sundar viajó a Chicago y posteriormente pasó por Iowa y Kansas antes de dirigirse a San Francisco. A su llegada allí, un periodista le preguntó qué buscaba lograr mientras estaba en el país. Sundar le respondió resueltamente: «No pretendo cristianizar Estados Unidos. Solo he venido a testificar de lo que Cristo ha hecho en mi vida. Este país ya es cristiano. Sin embargo, aunque hay muchos creyentes genuinos, todavía la mayoría no sigue ninguna religión. Paradójicamente este gran país, donde es fácil pertenecer a una religión y estas se ofrecen por todos lados, donde nadie es perseguido por ser cristiano y la vida debería ser feliz o pacífica debido al cristianismo, ya no es genuinamente cristiano. En cambio, hay una búsqueda desmedida de dinero, comodidad y placer, y eso nubla los pensamientos y los alejan de la verdadera religión. Aunque en este país es muy fácil tener fe, los estadounidenses ya no valoran la tranquilidad que hay en el cristianismo. Hubo un tiempo, sin embargo, en que el avestruz podía volar, pero como no quiso usar sus alas, perdió su capacidad para hacerlo. De la misma manera, si los ciudadanos de este país no aprecian la fe de sus padres, acabarán perdiéndola.

Sundar zarpó de San Francisco el 20 de julio de1920, y comenzó el largo viaje de regreso a la India. Debido a que no había barcos que viajaran directamente a la India desde San Francisco, Sundar se vio obligado a ir Australia primero. El 7 de agosto, setecientos clérigos y trabajadores cristianos se reunieron para escuchar a Sundar en la Catedral de San Andrés en Sídney, Australia.

El 3 de septiembre, día de su cumpleaños número treinta y uno, Sundar se encontraba predicando en Adelaida. Desde ahí se movilizó en tren a través del continente australiano hacia Perth. Como allí ningún edificio era lo suficientemente grande como para albergar las multitudes que deseaban escucharlo predicar, Sundar se vio obligado a realizar sus reuniones al aire libre en un parque. A finales de septiembre, Sadhu Singh finalmente abordó un barco en la ciudad portuaria de Fremantle, con rumbo a Bombay India.

Después de un largo viaje de veinte días a través del océano Índico, Sundar llegó una vez más a su tierra natal. Cientos de indios cristianos aguardaban ansiosos poder escuchar las historias de su viaje y sus impresiones del mundo occidental.

Esto fue lo que les dijo:

> Muchos occidentales en la actualidad no creen en los milagros de nuestro Señor Jesús, y cuando me hicieron preguntas con respecto a las señales sobrenaturales, les respondí que sí presencié un milagro realizado entre ellos y añadí que tal milagro consistía en ver aún a tanta gente espiritual entre ellos, a pesar de ser una sociedad tan materialista. Hay una gran cantidad de cristianos en Estados Unidos, pero no es suficiente. De la misma forma en que un hombre sediento no puede calmar su sed si se hunde en el mar, porque el agua es salada, así mismo un hombre sediento espiritualmente no puede satisfacer su sed en Estados Unidos porque está saturado de gente materialista. Si bien las palabras de nuestro Señor de «Venid a mí todos los que estáis trabajados y cargados, y yo os haré descansar» son ciertas en lo que respecta a Oriente, para Estados Unidos nuestro Señor probablemente diría: «Venid a mi todos los que estén cargados de oro y yo os haré descansar».
>
> Aun así, Dios tiene sus testigos en Occidente al igual que en todo el mundo. He escuchado a jóvenes indios decir que no quieren misioneros de esos lugares, pero esto es un gran error. Los misioneros de Occidente que vienen a la India mantienen vivas las iglesias de sus hogares, y si Occidente no enviara a sus misioneros, muy pronto sus iglesias quedarían tan muertas como el Mar Muerto. Por lo

tanto, deberíamos dar la bienvenida a los misioneros por el bien de mantener vivo el cristianismo en Occidente.

Ahora que había vuelto a la India, sus pensamientos estaban nuevamente enfocados en volver al Tíbet.

Capítulo 14

Siguiendo los pasos de Jesús

En mayo de 1921 Sundar se dirigió nuevamente al Tíbet tomando la ruta del norte de Cachemira.

Era una primavera particularmente fría, y mientras avanzaba por el paso Rotang, que conducía a la región del extremo norte de Cachemira, la nieve caía en exceso. Como resultado, Sundar se vio trepando por ventisqueros[1] que a veces, incluso, le llegaban hasta la cintura. El frío lo traspasaba y, mientras tiritaba, comenzó a notar algo que nunca había visto en ninguno de sus viajes anteriores por el Himalaya. La piel de sus piernas se estaba tornando de un color negro azulado. Con asombro vio cómo esta comenzaba a desprenderse dolorosamente. A pesar de esto, Sundar no podía hacer nada. Debido a las condiciones climáticas

1 Ventisqueros: Sitio, en las alturas de los montes, donde se conserva la nieve y el hielo. Masa de nieve o hielo reunida en un ventisquero.

extremas, sabía que, si se detenía a descansar o a prestarle atención a sus maltrechas piernas, podía morir, así que siguió avanzando.

Por fortuna, logró llegar al norte de Cachemira a salvo. Mientras hablaba en una serie de pequeños poblados, sus piernas tuvieron tiempo de recuperarse de la terrible experiencia que significó cruzar el paso Rotang. A medida que avanzaba de aldea en aldea, más se acercaba a la frontera del Tíbet. Una vez allí, un entusiasta joven cristiano tibetano se unió a él, y juntos cruzaron hacia el Tíbet y comenzaron a predicar en las aldeas regadas a lo largo de la montaña. Al igual que en su anterior viaje al Tíbet, Sundar notó que la gente era más receptiva con él y el evangelio y que los lamas ya no lo buscaban para someterlo a algún tipo de castigo.

Como en sus anteriores visitas al Tíbet, ir de un poblado al otro resultaba extremadamente peligroso para Sundar debido a que el lugar era en gran parte árido y escasamente poblado. Por este motivo, no era extraño para Sundar caminar cientos de kilómetros entre un pueblo y otro sin ver a otro ser humano. Pero, aunque estos vastos territorios estuvieran deshabitados por los humanos, había muchos animales salvajes de los que tenían que cuidarse. De entre los muchos animales peligros, los lobos y los yaks salvajes eran sin duda los más temibles. Si bien Sundar no había tenido ningún problema con ninguno de ellos en sus viajes anteriores al Tíbet, las cosas estaban a punto de cambiar.

Sundar había decidido adelantarse a su compañero para poder estar solo y orar y meditar mientras caminaba. Acababa de descender a un valle cuando, de repente, escuchó un sonido en la distancia. Al girarse para ver de qué se trataba, vio por su lado izquierdo un yak salvaje corriendo a toda velocidad tras él. Tan rápido como pudo recorrió con la vista el área en busca de algún lugar seguro para protegerse del animal. Un arbusto hubiese sido ideal, pero no había ninguno a la vista. El único lugar seguro que Sundar pudo ver en la distancia era una roca gigante a mitad del valle. Sin tiempo que perder, recogió el dobladillo de su túnica y corrió a lo que le dieron las piernas hacia la roca. Mientras corría, Sundar miró por encima de su hombro y vio que el enorme animal lo estaba alcanzando. Deseó que sus piernas fueran más veloces. Aunque inicialmente pensó no poder alcanzar su refugio a tiempo, al final logró esquivar la envestida del animal con unos segundos de sobra.

Tras trepar la roca a gran velocidad, se puso de pie sobre ella mientras jadeaba completamente fatigado.

Ver que su presa había escapado, de alguna manera parecía enojar más al virulento animal, el cual resoplaba pesadamente mientras pateaba furiosamente contra el piso con sus pezuñas delanteras. Sin embargo, la bestia parecía no estar dispuesta a darse por vencida y comenzó a rodear la roca con actitud amenazante. Al cabo de media hora, Sundar comenzó a preguntarse si el yak se cansaría y lo dejaría tranquilo. Pasó otra media hora, y el animal aún seguía rodeando la roca como a la espera de que su presa se decidiera a bajar de la piedra.

Sundar empezaba a considerar seriamente qué hacer cuando su compañero de viaje y un grupo de comerciantes que había conocido a lo largo de la ruta, aparecieron en la distancia y advirtieran su difícil situación. Cuando vieron el yak salvaje y a Sundar encaramado en la roca, se apresuraron a ayudarle, tomando piedras del piso y arrojándolas contra el yak para espantarlo. En un comienzo, las piedras parecían enojar aún más al insidioso animal, pero la constante lluvia de piedras comenzó a debilitarlo, sobre todo, cuando una de las rocas acabó estrellándose contra uno de sus ojos, haciendo que el yak finalmente abandonara la pelea y saliera corriendo. Aliviado, Sundar bajó de la roca y agradeció a los hombres por rescatarlo.

Justo cuando pensaban que era seguro continuar la travesía, otra amenaza aún más peligrosa le salió al paso. Esta vez no fue un animal salvaje sino un grupo de asaltantes. Aunque este tipo de forajidos era una amenaza constante al viajar en el Tíbet, Sundar, por lo general, llevaba tan poco consigo, que los bandidos siempre optaban por dejarlo en paz. Sin embargo, como esta vez iba en compañía de un grupo de comerciantes que llevaba todo tipo de bienes y artículos era más que suficiente para despertar la angurria[2] de los asaltantes.

Los atracadores rodearon a Sundar, su compañero de viaje y a los comerciantes y, tras despojarlos de todas sus posesiones, los condujeron

2 Angurria: Deseo vehemente o insaciable.

hacia una oscura cueva ubicada en las colinas al otro lado del valle. Mientras los arreaban por el valle en medio de una incierta tensión, Sundar comenzó a sospechar que probablemente los matarían a todos al llegar a la cueva.

Cuando llegaron a la cueva, los ladrones comenzaron a discutir entre ellos acerca de lo que harían con los cautivos. Mientras Sundar oraba en voz baja por un milagro, sintió que debía predicarles a los asaltantes. Aun cuando sabía que predicarles sobre el Dios cristiano podría enfurecer mucho más a los ladrones, Sundar decidió arriesgarse.

—Piensan que nos han quitado todo, pero tengo algo más que darles.

Esas palabras definitivamente captaron la atención de los ladrones, y Sundar utilizó el interés momentáneo para contarles acerca del sacrificio de Jesús, su muerte y el regalo de la salvación. Los asaltantes escucharon a Sundar con mucha atención. Cuando Sundar terminó, el líder de los bandidos le ordenó que se metiera al fondo de la cueva. Sundar notó la espada que llevaba el hombre en su costado y le pidió a Dios que no lo dejara morir.

Sundar y el líder de los forajidos caminaron algunos metros hacia el interior de la cueva, hasta que llegaron a un pequeño cubículo que había sido tallado en la roca. Allí Sundar se encontró con una imagen escalofriante. Decenas de esqueletos humanos yacían apilados sobre el suelo arenoso. El ladrón comenzó a hablar con un dejo de desesperación mientras señalaba hacia los restos humanos.

—Les he quitado la vida a todos estos hombres para robarles sus posesiones. ¿Me perdonaría Dios por ello? —preguntó.

—Sí —dijo Sundar—. Dios ofrece salvación a cualquier pecador, incluso si este es un asesino.

—Eso es lo que quiero—contestó el ladrón—. Toda esa sangre derramada ha sido una gran carga para mí.

Al ver la congoja del hombre, Sundar lo guio a una corta oración; posteriormente regresaron con el resto del grupo. El líder les ordenó a los otros secuaces que devolvieran lo que les habían arrebatado, no sin antes disculparse por asaltarlos. Luego encendió un fuego e hizo una gran tetera para todos.

Fue un gran momento para Sundar y su compañero, pero casi se arruina cuando uno de los ladrones le ofreció a Sadhu Singh un vaso con la intención de servirle un poco de té. Por un instante, Sundar se sintió tentado a negar la oferta, pues nunca había visto un vaso tan sucio. Como sabía que no sería capaz de beber de ese vaso, dijo tratando de ser lo más respetuoso posible:

—¿Te importaría lavar este vaso antes de servirlo con té?

Solo esperaba que su requerimiento no fuera tomado como un insulto por sus anfitriones.

El ladrón que estaba más cerca de él esbozó una sonrisa.

—Lo haré por ti —dijo.

Dicho esto, tomó el vaso y se lo llevó a la boca. Luego sacó su larga y viscosa lengua y la introdujo en el vaso para limpiarlo. Finalmente lo llenó con un poco de té y se lo ofreció a Sundar con un gesto de satisfacción.

Sadhu Singh se quedó en silencio. Consciente de que ahora sí no sería capaz de beber del vaso, procedió a vaciarlo sobre el piso. Los ladrones parecían sorprendidos y un tanto ofendidos por la reacción del sadhu. Sin embargo, antes de que la tensión aumentara, el compañero de viaje de Sundar tomó la palabra.

—Deben excusarlo. Es costumbre de los indios enjuagarse las manos y limpiar los vasos de los que comerán y beberán antes de cada comida.

Los asaltantes largaron sonoras carcajadas. Entonces uno de ellos dijo:

—Qué tonterías hacen los indios. Es inútil. Si fuera necesario lavar los platos y vasos antes de usarlos, entonces deberías lavar también sus estómagos.

Una nueva carcajada retumbó por todo el lugar.

Una hora después Sundar, su compañero de viaje y los comerciantes retomaron el camino con sus pertenencias intactas.

Después de regresar del Tíbet, Sundar pasó el invierno de 1921 en una gira evangelista en la planicie de Punjab y en las provincias del norte. Mientras caminaba de un pueblo a otro, pensaba en su tiempo en Inglaterra y Estados Unidos. Aunque había sido un viaje estresante, sintió que debía volver. De modo que, al regresar a Simla, comenzó a planificar un viaje a Suiza.

Justo antes de partir hacia el país helvético[3], Sundar recibió una carta escrita por Sir William

3 Helvético; Natural de Helvecia, hoy Suiza, país de Europa.

Willcocks. En la misiva Sir William le contaba que había vivido algún tiempo en Egipto donde había ayudado en la construcción del embalse Assuan en el río Nilo. Le dijo, además, que había leído mucho acerca de él y su itinerante ministerio, y que debido a lo que había leído su fe se había alentado en gran manera y deseaba conocerlo en persona. Sir William ofreció ayudarle a obtener una visa para entrar a Palestina y llevarlo a conocer los lugares donde habían acontecido muchos de los eventos de la Biblia.

Sundar quedó más que emocionado con la idea, ya que desde que se hizo cristiano, había albergado la esperanza de visitar la Tierra Santa. Estaba sorprendido de que ahora tuviera en sus manos una invitación de alguien que le ayudaría a cumplir este deseo.

El 28 de enero de 1922, Sundar emprendió viaje en barco hacia Puerto Saíd, Egipto, a través del océano Indico, el Mar Rojo y finalmente el canal de Suez. Sundar y Sir William se encontraron en Puerto Saíd y desde allí viajaron por tierra hasta Palestina. Sadhu Singh estaba cautivado por el lugar. Había leído y meditado cientos veces en los eventos ocurridos en el Nuevo Testamento, y ahora tenía la oportunidad de conocer dichos lugares en persona. Pasó muchas horas orando en el Monte de los Olivos y el jardín de Getsemaní. Además, pasó por Jerusalén, Betania, Jericó y el Mar Muerto. Dos de las cosas que más disfrutó del viaje fue poderse bañar en el río Jordán donde, según la tradición, Juan bautizó a Jesús y también visitar el taller en Nazaret donde José supuestamente practicó la carpintería. Una y otra vez Sundar le repetía a Sir William a medida que avanzaban por Palestina y hacían algunas pausas para orar y meditar lo siguiente: «Cristo siempre está conmigo donde sea que voy. Él camina conmigo a mi mano derecha».

Mientras viajaba por Egipto y Palestina, le pidieron a Sundar que predicara en catedral de Jerusalén y en una de las iglesias Coptas[4] más grandes de El Cairo. Durante su tiempo en Egipto, también visitó una iglesia que, según la tradición, era el lugar donde Jesús y sus padres habían llegado después de huir del edicto de Herodes.

Cuando terminó su viaje por Egipto y Palestina, Sundar agradeció el privilegio y la oportunidad de caminar por los mismos lugares por los que Jesús había caminado. Sin importar lo que le sucediera, siempre atesoraría aquella gran experiencia.

El día 27 de febrero de 1922, Sundar pisó tierra en Lausana, Suiza, donde lo aguardaba un extenuante itinerario de charlas y conferencias. Debido a que los suizos hablan francés, alemán e italiano, Sundar tuvo que contar con un intérprete permanente. Aunque en su anterior viaje a Inglaterra, Irlanda, Escocia, Estados Unidos y Australia, había podido arreglárselas para predicar directamente en inglés seguro de que su audiencia le entendería, ahora tenía que hablar en inglés y esperar que sus palabras fueras correctamente traducidas al idioma local de cada lugar donde predicaba.

4 Iglesia Copta: Uno de los grupos religiosos principales en Egipto y la mayor comunidad cristiana en el Medio Oriente.

Su primera predicación fue en un pueblo llamado Bienne. Para su sorpresa, llegaron más de tres mil personas a escucharlo. Algunas de las personas que no lograron entrar en la sala tuvieron que treparse en los árboles para que poder ver a Sadhu Singh de lejos cuando salía del edificio.

Las reuniones en Suiza continuaron noche tras noche en varias ciudades y pueblos. En Tavannes, la capital relojera de Suiza, les permitieron a todos los trabajadores salir a las 3:00 pm para que pudieran escuchar a Sundar hablar esa noche. En Neuchatel, el periódico estimó en diez mil personas la multitud que acudió a escucharlo.

Mientras estaba en Suiza, Sundar recibió algunas invitaciones para predicar en Alemania. Luego de cumplir sus compromisos allí, cruzó la frontera y comenzó una gira de evangelista por ese país. Por muchos años Sundar había estudiado a Martin Lutero y la Reforma protestante, y estaba particularmente animado de poder visitar y ver muchos de los sitios históricos asociados con Lutero.

Al día siguiente de una visita a Wittenberg, donde Martin Lutero había clavado en la puerta de la iglesia sus noventa y cinco tesis que provocaron la Reforma protestante, Sundar escribió una carta a un amigo cercano que decía: «Ayer visité Wittenberg, la cuna de la Reforma. Vi la casa donde vivió Martin Lutero y la iglesia donde solía predicar. En sus puertas se escribieron las noventa y cinco tesis de la Reforma, y su cuerpo permanece sepultado en ese lugar. Hoy tengo el privilegio de predicar en esa iglesia».

Sundar también visitó Halle, donde el profesor August Franke había comenzado su reconocido orfanato y donde el líder de la misión morava, Count Nicolaus Ludvig von Zinzendorf, había asistido a la escuela, al igual que George Müller, quien también había fundado un reconocido orfanato en Bristol, Inglaterra. Desde Halle, Sundar visitó Leipzig, Hamburgo, Berlín y Kiel. Dondequiera que iba lo recibían multitudes ansiosas de escuchar el mensaje que había venido a impartirles.

Desde Alemania, la gira lo llevó hasta Suecia, donde causó gran sensación. En una carta que Sundar escribió, dijo lo siguiente: «Estoy hablando en algunos pueblos hermosos de este país, y la gente viene desde kilómetros de distancia a las reuniones». De hecho, se tuvieron que organizar horarios especiales para los trenes y facilitar así que la mayor cantidad posible de personas asistiera a escucharme. Muchos suecos expresaron posteriormente que nunca habían experimentado algo similar a lo que Sundar estaba generando en su país.

Un número parecido se reunió a escuchar las predicaciones de Sundar en Noruega antes de viajar a Dinamarca.

Mientras permaneció en Copenhague, Dinamarca, le pidieron que visitara el palacio real, donde residía la emperatriz viuda de Rusia. La emperatriz quería una audiencia con Sundar, y cuando él preguntó la razón, se enteró de que la emperatriz era hija del rey de Dinamarca y madre de Zar Nicolás II, quien había sido asesinado con su esposa e hijos hacía cuatro años atrás, en 1918.

La emperadora quería hablar con Sundar sobre la pérdida que había experimentado, y cuando terminaron la audiencia, ella le pidió una oración especial de bendición.

Desde Copenhague, Sundar viajó hacia Herning, Dinamarca, donde quince mil personas esperaban ansiosas su mensaje. La multitud lo escuchó en absoluto silencio, y muchos de los presentes tenían sus ojos anegados en lágrimas al término del mensaje.

Desde Dinamarca fue a Holanda, donde Sundar habló con cientos de estudiantes universitarios en Utrecht, dignatarios en La Haya y amas de casa en Rotterdam. No era extraño que el Sadhu estuviera totalmente exhausto cuando terminó su gira por Holanda. Y aunque le hubiera encantado regresar a India en ese momento, había hecho la inquebrantable promesa de visitar Inglaterra y predicar en una gran convención cristiana en un lugar llamado Keswick. Cansado como estaba, Sundar cruzó el Canal de la Mancha y se preparó para enfrentar a una nueva multitud.

Capítulo 15

La vida perfecta

Sundar estaba extremadamente débil y fatigado cuando llegó a Liverpool, Inglaterra. Pero con gran esfuerzo mantuvo su promesa de predicar en la convención de Keswick. Sin embargo, tan pronto como hubo cumplido con su compromiso allí, abordó un barco y emprendió la larga travesía de regreso a India. Aunque el largo viaje le sentó bien, todavía se sentía cansado mientras regresaba a Sabathu, en el norte de India.

De vuelta a casa, Sundar Singh, ahora de treinta y tres años, se dedicó a recuperar fuerzas y a descansar. Sin embargo, durante los últimos meses de 1922 emprendió una nueva correría por muchas grandes ciudades de India como Delhi, Benarés y Lahore. Mientras estuvo en Lahore visitó su antigua escuela, Saint John's Divinity, y pasó un día con uno de los misioneros en la ciudad que aún lo recordaba. Le parecía que había pasado una eternidad desde que dejara su hogar en Rampur para seguir a Jesucristo, sin saber dónde lo llevaría esta aventura o incluso sin tener certeza alguna de cuánto tiempo de vida le quedaría por delante.

Durante este viaje también aprovechó para visitar a su padre en Rampur. Sundar lo encontró de buen humor y regocijándose en su fe cristiana, pero su cuerpo ahora era frágil y viejo. En abril de 1923, seis meses después de su visita, Sundar recibió la noticia de que su padre había muerto.

De acuerdo al testamento de Sher Singh, sus bienes debían ser repartidos entre Sundar y el único hermano que quedaba vivo. Los bienes consistían en varias hectáreas de tierra y una gran suma de dinero. Sundar suspiró cuando supo los detalles del testamento. Aunque le había dicho a su padre muchas veces que no necesitaba ayuda financiera, sabía que él deseaba que se comprara una casa que pudiera ser usada como parada de descanso en medio de sus múltiples giras evangelistas.

Mientras más meditaba en la idea de tener una casa a la cual volver más se convencía de las bondades de esa posibilidad. Se imaginaba compartiendo el lugar con personas necesitadas y dejando solo una habitación para él dormir, orar y escribir libros. Pensar en esto lo llevó aceptar el dinero de la herencia de su padre, pero prefirió dejarle la tierra a su hermano para no dividir el terreno.

Sundar no tardó mucho en encontrar la casa que estaba buscando. Era una antigua casa situada en medio de la zona más pobre de Sabathu.

Sabía que, aunque no era el tipo de casa grandiosa que su padre hubiera querido para él, no le importaba. Se sentía cómodo en el lugar y pronto invitó a su amigo, el Dr. Peoples del hospital de leprosos y su familia, a mudarse con él. El doctor, su esposa y sus cuatro niños quedaron encantados con la idea, la cual se adaptaba perfectamente a los deseos de Sundar. Ahora no solo tenía una habitación donde descansar cuando quisiera, sino que no tenía que preocuparse de quien cuidaría su propiedad mientras él no estaba.

Como todavía se sentía algo fatigado de su reciente viaje por Europa, luego de concretar la compra de la casa, dedicó completamente el año siguiente a la escritura de dos libros: *Realidad y Religión (Reality and Religion)* y *La búsqueda después de la realidad (Search after Reality).*

Estos libros pronto fueron traducidos a más de cuarenta idiomas y distribuidos por todo el mundo. Como resultado, Sundar recibió invitaciones de todos los continentes para ir a predicar. Algunas de las invitaciones comparaban a Sundar con San Francisco de Asís o Santo Tomás de Aquino. Un escritor estadounidense incluso instó a Sundar a regresar a los Estados Unidos diciendo: «Ya no puedes seguir esgrimiendo la excusa de que India es tu país. ¿Eres consciente de que ahora perteneces al mundo entero?». A pesar del caudal de invitaciones que a diario recibía, Sundar las rechazó todas. Sentía que ya había sido testigo en Occidente y que su corazón no pertenecía al mundo entero, sino a la gente del oscuro país del Tíbet.

Pero, aunque Sundar deseaba retomar la mayor cantidad de giras de predicación que le fuera posible a lo largo del norte de la India, tal deseo no pudo cumplirse, ya que su salud continuó deteriorándose. En 1925 desarrolló una úlcera corneal en su ojo izquierdo, y a pesar de recibir la mejor atención médica, perdió completamente la visión por ese ojo. Sin embargo, esto no parecía preocupar demasiado a Sundar, quien escribió a un amigo en Alemania lo siguiente:

> Luego de regresar el mes pasado de una gira de predicaciones por algunas aldeas mi ojo izquierdo comenzó a inflamarse causándome gran dolor. Sin embargo, no me lamento de este sufrimiento porque es un gran privilegio que se me permita sufrir de esta manera; es un medio de bendición para mí, ya que me mantiene humilde y me da la oportunidad de orar e interceder. No quiero estar triste si pierdo la vista, pues sé que Dios abrió mis ojos espirituales y esos nunca se cerrarán. Doy gracias al Señor por este regalo y esta bendición. Te agradezco por tus oraciones y también continúo orando por ti.

Después de perder la visión de su ojo izquierdo, Sundar se dio cuenta que la luz del sol le molestaba, así que comenzó a usar anteojos oscuros cuando estaba al aire libre.

En abril de 1927 Sundar estaba decidido a regresaral Tíbet. Con un enorme deseo de llegar allí cuanto antes, partió de Rishikesh con un grupo de comerciantes tibetanos que regresaban a casa a través del Pase Niti. Solo habían logrado viajar sesenta y cuatro kilómetros juntos cuando Sundar se enfermó gravemente. Había sufrido una hemorragia interna y los comerciantes tuvieron que llevarlo de urgencia y en un estado semiconsciente de regreso a la estación de tren más cercana donde lo embarcaron a un tren hacia Sabathu. Cuando Sundar finalmente llegó a la ciudad, estaba más muerto que vivo; aun así, los médicos del hospital de leprosos lo cuidaron con esmero hasta que recuperó su salud.

Apenas empezó a sentirse mejor, se dedicó a la escritura de dos libros más y a responder los cientos de cartas que le llovían de todo el mundo.

Al año siguiente, Sundar planeaba ingresar al Tíbet de nuevo, pero esperó demasiado a que llegaran sus compañeros comerciantes tibetanos, y cuando estos finalmente llegaron ya había pasado el verano, como consecuencia el viaje ya no era viable por los peligros que entrañaba.

Diez meses después, en abril de 1929, Sundar estaba decidido a llegar al Tíbet durante el nuevo verano. Estaba particularmente ansioso por animar a un pequeño grupo de cristianos que vivía al este del lago Mansarovar, así como a otros tibetanos que eran inaccesibles para los pocos misioneros moravos que trabajaban cerca de la frontera.

Tras recibir una carta de un hombre tibetano en la que le explicaba que un grupo de comerciantes se estaba reuniendo en Kalka a orillas del río Ganges para emprender viaje hacia al Tíbet, partió a su encuentro tan pronto como pudo. Había pasado gran parte del invierno preparándose para ese viaje y no iba perder la oportunidad de unirse a la caravana. Incluso tenía decidido lo que debía hacerse con las regalías[1] de las ventas de sus libros en caso que no regresara del Tíbet.

Sundar ya no hablaba muy seguido a grandes multitudes. Confiaba en su pluma para llevar a cabo su tarea de predicación y solo hablaba en pequeñas reuniones cuando sabía que había gente deseosa de encontrar la verdad. Sin embargo, el 12 de abril de 1929, Sundar accedió a predicar en la ciudad de Okara. Al servicio acudieron muchos cristianos y también hindúes. Después de la reunión, un joven Sadhu cristiano que había seguido el ejemplo de Sundar, se le acercó a pedirle un consejo.

«Lee tu Biblia y ora diariamente; no te alejes de la cruz y no te enorgullezcas cuando alguien te honre. Recuerda que, aunque el asno tuvo el honor de caminar sobre las prendas que fueron extendidas en el piso por la gente mientras Cristo entraba a Jerusalén al son de "Hosanna, bendito sea el que viene en el nombre del Señor" el asno tuvo este honor únicamente porque Cristo iba montado en él».

El 18 de abril Sundar se sentó al escritorio y escribió una carta a un misionero de Nueva Zelanda que conocía bien y en quien confiaba. Las palabras consignadas en la carta fueron las siguientes: «Hoy emprenderé un viaje hacia el Tíbet, plenamente consciente de los peligros y dificultades del

1 Regalías: Compensación pagada al propietario de un derecho (o propiedad intelectual).

viaje; aun así, debo hacer todo lo posible por cumplir con mi deber. Mi vida no tiene ningún valor comparada con el gozo de completar la Gran Comisión que recibí de mi Señor Jesús de dar fe del evangelio de la gracia de Dios (Hechos 20:24)».

Sundar se detuvo un momento y miró por la ventana las majestuosas montañas que se extendían más allá de Sabathu. Luego continuó escribiendo: «Deseaba visitarte antes de mi viaje al Tíbet, pero he recibido una carta de un comerciante donde me solicita encontrarme con él de inmediato en nuestro camino hacia el Tíbet. La ruta que seguiremos será la misma del año pasado. Espero regresar con uno o dos tibetanos cristianos al final de junio. Si algo sucede enviaré a Thapa para que se encuentre contigo, y si no tienes noticias mías ni sobre mí, por favor ven a Sabathu a la brevedad posible para encargarte de las cosas de mi casa».

Cuando terminó de escribir la carta, Sundar la selló y recogió su bastón y lentes oscuros. Entonces, como había hecho muchas otras veces, emprendió viaje hacia el Tíbet sin zapatos ni sandalias, solo llevando consigo su túnica color azafrán y una manta de algodón sobre los hombros.

Su primera parada fue el hospital de leprosos, donde le pidió al señor Watson, el encargado del hospital, que enviara por correo la carta que acababa de escribir y que recibiera y respondiera cualquier correspondencia urgente que llegara para él mientras estaba fuera. Tras despedirse del señor Watson, se dirigió hacia la estación de tren. Sunnu Lal, uno de los predicadores indios que trabajaban en el hospital, saludó a Sundar y caminó con él hasta la estación. Ambos hombres caminaron juntos en silencio durante un kilómetro más o menos, y luego Sunnu Lal regresó al hospital. Por su parte, Sundar continuó caminando solo, mientras gradecía poder regresar nuevamente a predicar a su amado pueblo tibetano. Esta vez estaba decidido a lograrlo a como diera lugar.

El 18 de noviembre de 1929, el titular del periódico *The Morning Post* decía:

> MÍSTICO PERDIDO EN EL TÍBET
> Predicador cristiano que visitó Londres
>
> ¿TEMÍA VENGANZA DE LOS LAMAS?
> De nuestro corresponsal en, Calcuta.
>
> Persisten las dudas entre sus seguidores en la India con respecto a la seguridad de Sadhu Sundar Singh, el místico predicador cristiano. No se tiene noticia de él desde que entró al Tíbet en abril pasado con la intención de realizar una de sus giras evangelistas.

El reverendo Riddle, el misionero de Nueva Zelanda al que escribió Sundar antes de partir hacia el Tíbet, junto con su amigo el Dr. Taylor, partieron en un viaje de veintiocho días hacia el Himalaya para ver si lograban rastrear los pasos de Sundar. Aunque esperaban encontrar noticias suyas, no hallaron nada.

Cuando regresaron a Sabathu, descubrieron que todos tenían alguna teoría sobre lo que le hubiera podido suceder al Sadhu Sundar Singh. Algunos especulaban que había contraído el cólera y que su cadáver había sido arrojado al río Ganges. Otros creían que probablemente había resbalado por algún sendero rocoso y caído en un barranco. Otros decían que quizás había llegado al Tíbet y había sido martirizado o atacado por bandidos. A pesar de lo que se especulaba, nadie sabía con certeza qué le había sucedido a Sundar, y dado que su cuerpo jamás fue encontrado, nadie sabrá exactamente cómo murió.

Finalmente, en 1933, el Gobierno indio declaró a Sundar Singh oficialmente muerto, y se ejecutó su testamento. En él, Sundar dejaba la casa y el dinero de las regalías de sus libros para proveer entrenamiento y apoyo a predicadores en el Tíbet e India. Además, parte del dinero debía ser utilizado en becas para niños de familias cristianas pobres para que pudieran asistir a la universidad, y en becas para que los predicadores pudieran obtener mayor conocimiento teológico.

Al difundirse la noticia de su desaparición y muerte, cristianos de todo el mundo lloraron su partida. Se consolaban mutuamente, sin embargo, con las palabras de sus libros se recordaban las cosas que el Sadhu Sundar Singh les había dicho. Sundar solía decir a menudo: «Es mejor quemar rápidamente y fundir muchas almas que quemar lentamente y no fundir ninguna».

Es su último viaje a Inglaterra, durante la convención de Keswick, Sundar expesó: «No me asusta la probabilidad de morir en el Tíbet. Cuando ese día llegue, lo recibiré con gozo. Todos los años voy al Tíbet, y quizás el próximo año escuchen que he perdido la vida allí. Nunca piensen "está muerto". Digan más bien "ha entrado al cielo y a la vida eterna y está con Cristo en la vida perfecta"».

Después de cuarenta años de peregrinaje en la tierra, Sundar Singh entró a la vida perfecta con la que había soñado tantas veces mientras cruzaba las montañas del Himalaya.

Bibliografía

Andrews, C.F. Sadhu Sungar Singh: *A personal Memoir*. Harper & Brothers Publisher, 1934.

Corner, Kim, comp. and ed. *Wisdom of the Sadhu: Teaching of Sungar Singh*. Rifton,N.Y.: Bruderhorf Fundation, 2003.

Davey, Cyril J. *The Yellow Robe. The Story of Sadhu Sungar Singh*. London SCM Press, 1950.

Lynch-Watson, Janet. *The Saffron Robe: A Life of Sadhu Sungar Singh*. London: Hodder and Stoughton, 1975.

Parker, Rebecca J. *Sadhu Singar Singh: Called of God*. London: Flemming H. Rewell Company, 1920.

Riddle, T.E. A *Wisdom of the Call: A Life of Sadhu Sungar Singh*. Delhi: Indian Society for Promoting Christian Knowledge (ISPCK), 1997.

Samuel, M.A. *Sadhu Sungar Singh: The Apostle of the Bleeding Feet*. Word of Christ, 2002.

Acerca de los autores

El matrimonio Janet y Geoff Benge, forman un equipo de autores con una experiencia de más de treinta años. Janet fue maestra de escuela elemental. Geoff es licenciado en Historia. Naturales de Nueva Zelanda, los Benge prestaron servicio a Juventud Con Una Misión durante diez años. Tienen dos hijas, Laura y Shannon y un hijo adoptivo, Lito. Residen en Florida, cerca de Orlando.